세상에 대하여
우리가
더잘 알아야 할
교양

71

지은이 소개

지은이 **이승현**

연세대학교에서 법학을 공부하고 《혐오표현(hate speech)에 대한 헌법적 고찰》로 박사학위를 받았습니다. 대학에서 헌법과 인권에 대해 강의하고 있으며, 혐오표현에 대한 정책 개발과 시민 교육을 위한 다양한 활동을 하고 있습니다. 이 시대의 일상적인 차별과 폭력을 경험하는 사람들의 현실에 변화를 가져오기 위해 작은 발걸음을 함께 하고 있습니다. 주요 연구주제는 표현의 자유, 소수자 인권, 젠더 다양성 등입니다.

세상에 대하여 우리가 더 잘 알아야 할 교양

이승현 지음

71

혐오표현

차별 없는 세상 만들기

내인생의책

차례

※ 본문의 **굵은 글씨**로 표시된 단어는 107페이지 용어 설명에서 찾아보세요.

들어가며: 혐오 표현은 왜 문제가 될까요?

2014년 세월호 유가족과 시민들의 단식 농성 장소인 서울 광화문 광장 한편에서 한 무리의 사람들이 피자와 치킨을 시켜 먹고 있습니다. 무슨 일이 일어난 걸까요. '일간 베스트' 회원들이 단식 농성에 나선 사람들을 조롱하기 위해 일부러 그 앞에서 폭식을 하려고 모인 것이었습니다. 이 사이트는 인터넷 유머 사이트로 시작해서 점차 극우 성향을 띠었습니다. 그리고 고(故) 노무현 대통령, 5·18 광주 민주화 운동과 세월호 사건의 희생자 등 고인을 조롱하는 게시글이나 인증 사진을 찍어 올리면서 사회적 문제가 되기 시작하였습니다. 그뿐만 아니라 여성이나 여성의 신체를 비하하는 단어를 사용하면서, 자극적이고 공격적인 내용의 글이나 사진을 인터넷에 올렸습니다.

2018년 동인천역 북광장에서는 성 소수자들의 자긍심(pride)을 높이고 권리를 증진하기 위한 행진이 제대로 출발도 하지 못한 채 네 시간 동안 지체되었습니다. 무슨 일이 일어난 걸까요. "사랑하니깐 반대합니다"라는 피켓을 들고 지옥 간다는 욕설과 함께 행진을 못 하게 막아선 사람들 때문이었습니다. 이후 당시 행진 참가자들을 대상으로 한 심리건강상태 조사 결과 응답

자의 84퍼센트에서 급성 스트레스 장애가, 그리고 66퍼센트에서 자연재해나 사고, 전쟁 등 충격적인 사건을 경험한 뒤 나타나는 증상인 외상 후 스트레스 장애가 나타났습니다.

■ 성 소수자들의 행진을 향한 혐오표현과 방해는 성 소수자들에게 스트레스 장애를 남길 정도로 상처를 주었다. 출처: 연합뉴스

2018년에는 난민법을 폐지해 달라는 국민청원이 청와대 홈페이지에 올라왔습니다. 한국은 아시아 최초로 난민법을 제정한 나라입니다. 그런데 왜 이런 청원이 올라왔을까요. 제주도에 입국한 500여 명의 예멘 난민 신청자들을 계기로 이슬람교를 믿는 외국인은 위험하다는 편견이 고개를 들었고, 인터넷에 이들에 대한 왜곡된 정보가 퍼지면서 이 사람들이 '가짜 난민' 행세를 한다는 소문이 생겼기 때문입니다.

최근에 이러한 사건들이 이어지면서 '혐오표현'이라는 단어를 심심치 않게 듣게 됩니다. 혐오 표현은 당하는 사람에게 고통과 우울감을 느끼게 합니다.

혐오표현으로 인해 그 사회에서 소수자를 향한 차별이 확산될 우려도 있습니다. 독일, 프랑스 같은 유럽 국가들이었다면 위와 같은 표현을 한 사람들은 처벌을 받았을 수도 있습니다. 반면 미국이나 일본이었다면 표현의 자유 때문에 처벌할 수 없다고 했을 것입니다.

왜 이런 표현들을 처벌하는 나라도 있고, 처벌하지 않는 나라도 있는 걸까요? 이런 표현의 무엇이 문제가 되는 걸까요? 그리고 문제가 된다고 해도 처벌하지 않는 나라가 있는 이유는 무엇일까요? 그 전에 먼저 이 '혐오표현'이 도대체 무엇인지 명확하게 이해하고, 왜 발생하는지 살펴보아야 하겠습니다. 그리고 혐오표현에 대해 우리들이 취해야 할 자세와 할 수 있는 일들도 알아보려고 합니다.

1장 혐오표현의 정의는 무엇일까요?

혐오표현이라는 용어의 유래

우리나라에 온 외국인들이 깜짝 놀라면서 못 먹겠다고 하는 음식이 있습니다. 바로 번데기와 산낙지입니다. 겉으로 보이는 모습이 징그러워서 거부감을 느끼는 것이지요. 국어사전에서 '혐오'라는 단어를 찾아보면 '싫어하고 미워함'이라고 적혀 있습니다. 그러면 번데기가 징그럽다는 말은 너무 싫다는 감정을 드러낸 표현이니 '혐오표현'이라고 해야 할까요?

법철학자인 마사 누스바움 교수에 따르면, 배설물같이 자신을 위협할 수 있는 전염이나 오염의 원인을 꺼리는 혐오 감정은 원초적 감정으로서 인간 누구나 가지고 있다고 합니다. 문제는 실제로 위험하지 않은데도, 자기가 열등하다고 믿는 사람을 오염물의 일부로 확장하는 데 있습니다. 나 말고 다른 사람을 더럽다고 정해 버리면, 나는 상대적으로 깨끗하니까 내 마음도 편한 데다가, 더러운 것에서 멀리 떨어지려는 마음도 당연하다고 생각할 수 있지요. 마사 누스바움 교수는 이렇게 위험한 오염물에 대한 혐오 감정을 다른 사람에게, 특히 사회적 소수자에게 쏟아 내려는 생각이 혐오표현에 담겨 있다고 분석합니다.

'혐오표현'이라는 말은 1980년대 미국에서 처음 사용된 'hate speech'를 번

역한 것입니다. 'hate'라는 단어는 아주 싫어함을 뜻하고, 'speech'는 발언, 즉 말하는 것을 의미합니다. 아프리카 대륙에 사는 흑인을 강제로 잡아 와 노예로 만든 미국에서는 노예제도가 폐지된 후에도 흑인에 대한 차별이 매우 심했습니다. 흑인차별철폐 운동이 성과를 내면서 어떤 인종이라는 이유로 인권을 누리지 못하는 상황은 줄어들기 시작했지만, 여전히 흑인에 대한 거리낌과 편견은 없어지지 않았습니다. 오히려 단지 흑인이라는 이유로 괴롭히고 폭력을 가하는 사건들이 이어지면서 사회 문제가 되었지요. 폭력에는 때리는 것뿐만 아니라 욕설을 비롯하여 말로 가하는 폭력도 있습니다. 이렇게 미국 사회에서 소수의 가진 것 없는 흑인들에게 말로 폭력을 가하는 인종차별적인 표현을, 흑인을 매우 싫어해서 하는 표현이라 하여 '혐오표현'이라고 부르기 시작하였습니다. 다시 말해, 혐오표현은 사회적 소수자인 흑인에게 그가 단지 흑인이라는 이유로 말로 공격하여 고통을 주고, 그들은 차별해도 되는 사람들이라는 생각을 심어주는 표현을 의미하는 것이었죠.

그런데 사실 이러한 표현들이 이 시기 미국에만 있었던 건 아닙니다. 1930년대 유럽으로 눈을 돌려 봅시다. 1939년부터 시작된 제2차 세계대전 당시, 독일에 살던 소수 인종인 **유대인**들이 아우슈비츠 수용소 등에서 집단으로 학살되었습니다. 그 사람이 유대인이라는 이유로, 그 사람의 어머니나 아버지, 또는 할아버지나 할머니가 유대인이라는 이유로 어른부터 아이까지 모두 보이는 대로 강제수용소에 잡혀 들어가 인체실험을 당하거나 집단으로 살해되었습니다. 이렇게 잔혹한 상황을 주변 사람들은 왜 막지 않았을까요. 그건 당시 독일 사회에서 유대인은 나쁜 사람들이라는 생각이 퍼져 있었기 때문입니다. 집단학살이 일어나기 전, 독일에서 정권을 잡은 히틀러의 **나치**

당은 유대인이 위험하고 몹쓸 인종이라는 내용의 포스터, 영화, 만화, 책 발간을 도왔습니다. 여기에 선동된 사람들은 유대인이 잡혀가도 되는 사람들이라고 믿게 되었죠. 제2차 세계대전 당시 유럽에 살던 유대인 3명 중 2명에 해당하는 550만 명이 살해 당했습니다. 제2차 세계대전 이후 이러한 사실을 알게 된 국제 사회는 충격에 휩싸였습니다. 그리고 소수 인종을 단지 그 인종이라는 이유로 공격하는 표현들이 얼마나 위험한지 깨달았습니다.

이제 혐오표현이 어떤 의미인지 감이 잡히나요? 혐오표현은 단순히 매우 싫다는 감정을 드러내는 표현이 아닙니다. 사회 내의 소수자 집단을 말로 공격하고, 그들에게 차별과 폭력을 가해도 된다는 생각을 퍼뜨리는 표현이 바로 혐오표현입니다. 혐오표현으로 인해 소수자인 사람들은 심한 고통을 받

▌ 제2차 세계대전 당시 유대인 집단학살이 일어나기 전에 독일 사회에서는 유대인이 나쁜 사람들이라는 내용의 포스터, 책, 영화, 만화 등이 널리 퍼졌다.

고, 이들이 살고 있는 사회는 이들이 차별과 폭력을 당하거나 심지어 살해되어도 말리는 사람이 없는 사회로 변할 수도 있습니다. 결국 유엔은 1948년 집단살해금지협약, 1965년 인종차별철폐협약, 1966년 시민적·정치적 권리에 관한 국제인권조약을 통해 인종에 대한 혐오표현을 금지하거나 처벌하도록 하였습니다.

혐오표현의 뿌리, 사회적 편견과 차별

그럼 이러한 혐오표현에 담긴 생각들은 어디서 올까요. 혐오표현의 뿌리는 바로 소수자에 대한 사회적 편견과 차별 의식입니다.

〈왼손잡이〉라는 노래를 들어보았나요. 이 노래에는 "나 같은 아이 한둘이 어지럽힌다고/모두 다 똑같은 손을 들어야 한다고/그런 눈으로 욕하지마/난 아무것도 망치지 않아/난 왼손잡이야"라는 가사가 나옵니다. 보통 사람의 열에 아홉은 오른손잡이고, 왼손잡이는 흔치 않습니다. 어느 손을 주로 사용하는 것이 편한가는 옳거나 그른 문제가 아니라 그냥 그 사람의 다양한 특성 중 하나일 뿐입니다. 그러니 왼손잡이라는 이유로 사회를 어지럽히고 망친다고 욕을 먹어야 할 이유는 없지요. 하지만 과거에 부모님들은 아이가 왼손잡이면 오른손잡이로 바꾸려고 노력하였습니다. 오른손잡이가 다수인 사회에서 왼손으로 밥을 먹거나 악수를 하면 교양 없는 사람으로 여겨졌기 때문입니다. 하지만 어느 손을 주로 사용하는가가 그 사람의 교양을 평가하는 잣대가 될 수는 없지요. 이처럼 다수의 부정적인 시선 때문에 억울하게 부당한 취급을 받는 경우가 생기다 보니 〈왼손잡이〉라는 노래가 나왔답니다.

사람들은 자기 주변에서 접해 보지 못한 사람들이나, 접하고 있더라도 어떠한 일상을 보내고 있는지 잘 모르는 사람들에 대해 편견을 가집니다. 주변 사람 중에 장애인이 없는 비장애인, 흑인 친구가 없는 황인종 한국인이라면, 그 친구들의 일상을 가깝게 경험하여 이해하기 어려울 수도 있습니다. 그보다는 주변에서 하는 말이나 인터넷과 영화 같은 곳에서 접한 모습만 떠올리면서 거리감을 느끼고, 그들이 자기와 다른 존재라고 생각할 수도 있습니다. 게다가 그 모습이 부정적으로 그려진다면, 장애인은 어떨 거고, 흑인은 어떨 거라는 편견을 가지게 되지요.

예를 한 가지 더 들어 볼까요. 어릴 때 고속도로에 잠시 차를 세우고 과일을 사던 부모님이 차에서 내리려던 저에게 황급히 이렇게 외친 기억이 납니다. "문둥이 있다! 병 옮겠다. 나오지 마!" 한센병 환자를 나병 환자라고 부르던 과거에는 한센병 환자 가까이에 가면 병이 옮는다는 잘못된 지식과 편견으로 인해, 사람들이 환자들에게 손가락질하거나 돌을 던지기도 했습니다. 한센병 환자 중에는 손가락이나 얼굴 일부가 문드러져서 형체를 잃는 경우가 있습니다. 누구나 원해서 한국인이나 흑인으로 태어난 것이 아니듯, 장애나 병을 가진 것도 그 사람의 잘못이 아닙니다. 하지만 다수의 사람과 다른 외형을 가지고 있다는 이유로 사람들은 한센병 환자를 더럽다며 흉을 보았습니다. 그 결과 어떻게 되었을까요? 사람들은 반세기가 넘는 오랜 시간 동안 한센병 환자들을 한반도 남단의 소록도라는 섬에 따로 떨어져 살게 했습니다. 한센병이 전염병이기는 하지만 함께 밥을 먹고 악수를 한다고 전염되는 병도 아닌데, 한센병 환자들은 사람들의 편견으로 인해 사회와 격리된 채 섬 밖으로 나오기도 못하고 갇혀 살아야 했습니다.

이렇게 어떤 집단에 대한 부정적인 편견이 자리 잡으면, 사회적인 멸시와 차별, 더 나아가 국가에 의한 차별적인 정책으로 인해 인권이 침해되는 문제까지 발생합니다. 혐오표현은 바로 이러한 부정적인 편견으로 인해 사회적 차별이 발생하는 과정에서, 혹은 그 결과로 나타납니다.

혐오표현은 어떤 방식으로 나타나나요?

혐오표현은 여러 모습으로 나타납니다. 먼저 소수자 집단에 직접적으로 욕설을 퍼붓는 방식이 있겠지요. '죽어라!', '나가라!'같이 위협적인 말을 사용하기도 합니다. 또 '깜둥이', '호모', '애자'같이 사회적으로 욕과 비슷하게 사용하는 모욕적인 용어로 부르는 경우도 있습니다. 하지만 혐오표현은 욕설을 사용하지 않는 방식으로도 이루어집니다. 차별을 선동하는 경우가 그렇습니다.

일본의 한 유명 정치인이 육상 자위대 기념행사에서 한국과 중국 등 과거 아시아 식민지 출신 국가 사람들을 지칭하는 모욕적인 용어 '삼국인'을 사용한 사건이 있었습니다. 이 정치인은 이어서 "불법 입국한 삼국인, 외국인들에 의해 매우 흉악한 범죄가 계속 일어나고 있다. 도쿄의 범죄는 이미 과거와는 다른 양상이다."라고 말하였습니다. 이런 발언은 여러 나라의 외국인 중에서도 꼭 집어서 과거 식민지 시절 열등하게 취급했던 한국인이나 중국인들이 흉악 범죄를 일으킨다는 편견과 차별 의식을 드러내며, 이 나라 사람들을 경계하도록 선동했다고 볼 수 있지요. 또 캐나다에서 빌 왓콧이라는 사람이 한 중학교에 어떤 전단을 뿌려서 벌금을 낸 사건이 있었습니다. 그 전단에는 "동성애를 받아들이고 학교에서 허용하면 많은 아이가 병들고 일찍 죽을 것이다." 등의 내용이 적혀 있었습니다. 소수의 사람이 가진 정체성을 부정하고 그러한 정체성을 가진 사람들은 그 존재 자체만으로 다른 사람에게 해를 끼친다는 차별 의식을 담아 말하면서, 학교에서 이루어지는 인권 교육을 하지 못하도록 선동한 것입니다.

이렇게 차별을 선동하는 표현은 욕설이 섞여 있지 않아서 혐오표현인지 구분하기 어려울 때가 있습니다. 왜냐하면 혐오표현을 하는 사람이 가지고 있는 편견은 그 사회가 가지고 있는 편견이기도 하기 때문이지요. 이러한 편견은 사회 전체에 오랫동안 널리 퍼져 있던 편견이기 때문에 '쟤들은 원래 그런 거 아니야?', '역시 걔들이 문제야'라며 혐오표현을 순순히 받아들일 가능성이 큽니다.

혐오표현은 의외의 모습으로 나타나기도 합니다. '상대를 좋아한다' 혹은 '잘 알고 있다'고 믿으면서 이루어지는 혐오표현도 있습니다. 이런 생각은 사랑편견이라고도 합니다. 19세기까지 미국에서는 흑인을 같은 사람으로 보지 않고 노예로 부리고 있었습니다. 그러다 미국 북부 지방에서 흑인도 똑같은 인간이고 노예로 취급하면 안 된다며, 흑인 노예들을 해방시켜야 한다는 주장이 나왔습니다. 그것을 보고 미국 남부에 살던 어떤 사람이 흑인은 노예로 남아 있어야 한다고 주장하면서 이렇게 말했다고 합니다. "나는 흑인에 대해 아무런 편견을 가지고 있지 않아요. 미국 남부에서 자라고 평생을 여기서 살아온 나는 이 문제를 잘 알고 있어요. 흑인들은 자기 자리(노예)에 있을 때 훨씬 행복해요. 노예 해방을 주장하는 북부 사람들은 흑인에 대해 이해하지 못하고 있는 거예요." 자, 이 사람이 정말 흑인의 삶을 잘 이해하고 이런 말을 했을까요.

혐오표현은 누구를 대상으로 하나요?

혐오표현은 사회 내의 소수자 집단을 향해서 이루어집니다. 사회적 소수자는 단순히 사람 숫자가 적다는 의미가 아닙니다. 사회적 소수자는 정치·경제·문화의 사회 전반적인 영역에서 지배적이지 않고, 주류가 아닌 집단입니다. 다시 말하면 사회적으로 힘과 권력이 약한 집단으로, 단지 그 집단에 속한다는 이유로 부당하게 차별을 접하게 되는 집단을 말합니다.

앞서 살펴보았듯이 혐오표현은 사람들의 편견과 차별 의식에서 나옵니다. 사회적 차별에 노출되지 않은 집단을 향해서 욕설을 뱉는다고 해도 혐오표현이라고 볼 수는 없습니다.

예를 들어, 한국에서 한국 사람이 한국 사람에게 '조선놈들 다 죽어야 해'라는 말을 듣는다고 해서 이것을 혐오표현이라고 하지는 않습니다. 그런데 일본에서 일본 사람이 한국 사람에게 똑같은 말을 했다면 어떨까요? 이 경우는 혐오표현이 될 수 있습니다. 일본에는 과거 식민지 사람을 열등하게 취급하고 차별했던 역사가 있고, 그로 인해 일본 사회에서는 식민지 출신인 조선 사람에 대한 편견이 이어지고 있습니다. 해방 이후 그 인식은 여전히 남아서 조선(한국) 출신이라는 것이 알려지면 괴롭힘을 당하기도 하였고, 취직도 하기 힘들었다고 합니다. 일본 사회에서 약자로서 차별을 받았던 경험이 있는 것이지요. 이렇게 혐오표현은 사회적 차별을 경험해 온 사회적 소수자를 대상으로 합니다. 따라서 다수 혹은 주류 집단을 향하여 이루어지는 표현은 단순한 욕설이거나 모욕적인 표현이지 혐오표현이라고 할 수 없습니다.

사회적 소수자가 되는 집단은 시대와 사회에 따라 조금씩 달라질 수 있지만, 오늘날 어느 사회에서나 어느 정도 공통적으로 차별받는 사회적 소수자들이 있습니다. 대표적으로 여성, 동성애자나 양성애자 등 성 소수자, 장애인, 난민, 유대인, 흑인, 이슬람교도 등이 있습니다. 다만, 이들을 대상으로 한 욕설이 혐오표현이 아닌 경우도 있다는 점에 주의해야 합니다. 누가 사회적 소수자인지는 한 사회의 맥락에 따라 달라질 수 있기 때문입니다. 예를 들어 이슬람교도가 다수이고 기독교도는 소수라서 기독교도가 차별받는 사회가 있다면, 이때 이슬람교도는 사회적 소수자가 아니게 됩니다.

결국 한 사회에 어떤 집단에 대한 부정적인 편견과 차별 의식이 존재하고, 그에 더해 사회적 혹은 제도적으로 부당하게 차별적인 취급을 받는 집단이 있다면, 그 집단을 사회적 소수자라고 생각하면 됩니다. 혐오표현은 바로 이렇게 집단을 특정해서 이루어지기 때문에, 혐오표현의 대상이 되는 집단을 '표적집단'이라고도 합니다. 소수자에 대해 차별적인 생각을 가지고 있는 사람들은 꼭 집어서 그 소수자 집단을 공격하기 때문입니다.

사회적 주류집단을 향한 혐오표현도 가능한가요?

혐오표현에 대한 이야기를 하기 시작하면 '이것도 혐오표현인가요?'라는 질문이 가장 많이 나옵니다. 이 문제를 풀려면, 한 사람의 인격을 모독하는 모욕표현이나 명예를 훼손하는 명예훼손표현도 있는데, 왜 굳이 혐오표현이라는 단어가 등장했는지 이야기해야 합니다. 다음 장에서 구체적으로 이야기하겠지만, 이는 혐오표현이 가지는 특유의 해악성, 즉 원래부터 존재하는 차별 의식을 더 널리 퍼뜨리는 효과 때문입니다. 이러한 해악성이 발생하는가에 따라 어떤 표현이 혐오표현인가 아닌가를 구별해 볼 수 있습니다. 상대적으로 힘 있는 지위에 있는 사람에게 그 지위를 가지고 있다는 이유로 계속 욕설을 퍼붓는다고 해도 그 지위에 있는 사람이 부당한 차별을 당하는 결과를 낳지는 않습니다. 그러니 사회적 소수자가 아닌 집단을 향한 표현은 혐오표현이 가진 특유의 해악성이 나타나지 않기 때문에 혐오표현이라고 하기 힘듭니다.

문제는 '누가 사회적 소수자이냐'입니다. 사회적 소수자는 '한 사회의 정치·사회·경제·문화 영역에서 인종, 성, 경제적 능력, 사상이나 도덕, 기타의 이유로 지배적이라고 여겨지는 가치와는 다른 입장에 있는 부류', '그 사회에서의 영향력이나 공식적 영역에서 발언하고 인정받을 수 있는 지위가 현저히 취약하거나 없는 상태의 사람들'을 의미합니다. 사회적 소수자란 말은 단순히 수가 적은 사람들을 의미하는 것이 아니라, 한 사회 내의 권력관계에서 약자인 경우를 가리킵니다. 이를테면 경제력이 상위 1퍼센트인 사람들은 수가 적다 하더라도 경제적 약자가 아닙니다. 반대로 전체 인구의 반을 차지하는 여성은 수적으로 적지 않지만, 정치·사회·경제·문화 영역에서 불리한 취급을 받아왔기 때문에 사회적 소수자라고 합니다.

한 집단이 권력관계에서 약자인가 아닌가는 정치, 사회, 경제, 문화적으로 부당한 차별이 지속되었는가, 제도적으로 차별이 이루어지고 있는가 등을 기준으로 판단할 수 있습니다. 예를 들어 여성은 1900년대 초반까지 선거권도 없었고, 재산권도 제한되었습니다. 여성이라는 이유로 국회의원이 될 수도 없었고, 국회의원을 뽑기 위한 투표도 할 수 없었으며, 자기가 일해서 번 돈을 자기가 가지지 못하고 남편이나 아버지가 가져갔습니다. 그럼, 지금은 여성이 선거권도, 재산권도 모두 가지고 있으니까 사회적 소수자가 아니라고 할 수 있을까요. 아직 변하지 않은 것도 많습니다. 임금이나 사회적 지위는 여전히 남녀의 격차가 뚜렷합니다. 한국 인구 중 남성과 여성은 대략 각각 50퍼센트를 차지하는데, 국가를 운영하기 위한 국민의 대표인 국회의원 중에서 여성의 수는 현재 17퍼센트입니다. 또한 고용노동부의 통계에 따르

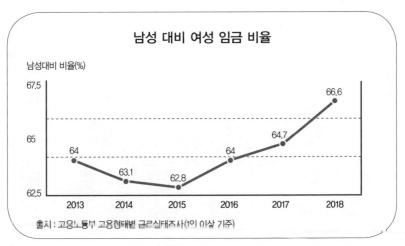

남성 대비 여성 임금 비율

남성대비 비율(%)

출지 : 고용노동부 고용현태별 근로실태조사(1인 이상 기준)

▌ 여성의 지위는 과거에 비해 높아졌지만, 한국의 남녀 임금 격차는 아직도 높은 수준이다.

면 2018년 기준 여성의 임금은 남성 대비 66.6퍼센트로 남성이 100만 원을 받을 때 여성은 66만 원밖에 받지 못합니다. 같은 직장에서 같은 일을 하는 직원인데도, 커피 심부름은 여자만 하는 경우가 아직도 존재합니다.

또 다른 예를 들어 봅시다. 신체적 장애 때문에 휠체어로 이동해야 하는 장애인은 휠체어가 넘을 수 없는 턱이 있는 카페나 음식점, 계단만 있는 버스나 지하철은 이용할 수 없습니다. 2000년 전후부터 지하철에 계단을 오르내릴 수 있는 리프트를 설치하였지만, 전동휠체어에는 맞지 않아 사망 사건이 발생했습니다. 이를 계기로 장애인의 이동권을 요구하는 운동이 이어졌습니다. 20여 년 가까이 지난 2019년 현재, 서울의 지하철역 중에서 9퍼센트가량에는 아직 엘리베이터가 한 대도 설치되어 있지 않고, 휠체어가 탈 수 있는 저상버스는 2019년 기준으로 전체의 25퍼센트 정도입니다. 고속버스는 아예 타지도 못하고요. 물리적으로는 탈 수 있는 지하철이나 버스도 편하

▌ 장애를 가진 사람들의 이동을 위한 시설이 없다는 것은 이들이 이동권을 침해당하는 차별을 겪고 있음을 의미한다.

사례탐구 말이 아닌 형태로도 이루어지는 표현

표현이란 정보, 사상, 감정을 다른 사람에게 전달하는 행위를 의미합니다. 그 안에 어떠한 의미가 담겨 있다면 표현이라고 할 수 있지요. 거리에서 아무런 의미를 담지 않고 "아!"라고 하면 표현이라 할 수 없지만, 정부의 정책에 반대하기 위해 정부 건물 앞에 모여서 "아!"하고 소리치면 표현을 한 것입니다. 표현은 글이나 말뿐만 아니라 몸짓, 제스처, 그림, 영상, 심볼 등을 통해서도 이루어집니다. 특히 어떠한 이미지를 담은 심볼은 문화적이고 역사적인 의미를 압축적으로 전달합니다. 예를 들어 십자가를 태우는(cross burning) 행위는 유럽이나 미국에서 대표적인 혐오표현입니다. 백인우월주의와 인종차별주의를 전파하는 KKK(Ku Klux Klan)단이 주로 흑인들을 위협하기 위해 오랫동안 그런 행위를 해 왔기 때문입니다.

▌ KKK단과 십자가 태우기.

▌ 왼쪽부터 욱일기와 하켄크로이츠.

한국에서는 접해보지 못한 표현이기 때문에 한국 사람은 이것을 봐도 섬 뜩한 생각이 들지 않겠지만, 미국에서 쭉 살아왔던 사람이 이 행위를 본 다면 흑인에 대한 폭력을 기억해 낼 것입니다.

갈고리 모양의 십자가 표시인 하켄크로이츠(Hakenkreuz)도 마찬가지입니 다. 이 표시는 과거 독일 나치당의 상징이었는데, 유럽의 많은 사람은 하 켄크로이츠에서 유대인 집단학살을 떠올리기 때문에, 이 표시를 마음대 로 사용하지 못하도록 하고 있습니다. 일본이 사용하는 욱일기에 대한 논란도 그렇습니다. 일본에서는 욱일기가 아시아 국가들을 식민지로 만 들기 전부터 사용한 고유한 자신들의 문화라고 이야기하지만, 피해를 본 과거 식민지의 사람들에게는 식민지 시절의 탄압을 떠올리게 하는 깃발 이기 때문에 사용을 자제하도록 요구하는 것입니다.

게 타기는 쉽지 않습니다. 사람들의 시선 때문입니다. 휠체어를 타고 지하철 을 타니 "왜 걸리적거리게 돌아다녀, 집구석에나 있지"라는 말을 들은 사례 도 있습니다. 실제로 한국에서 버스를 탈 때 휠체어 탄 사람을 만나기란 쉽 지 않습니다. 장애를 가지고 있다는 이유로 장애를 가지고 있지 않은 사람에 비해 원하는 곳으로 이동하기 어려워지는 것입니다.

이처럼 누가 사회적 소수자인지는 사회 여러 영역에서 그 집단에 속한다는 이유로 접하는 편견이나 차별이 존재하는지 찾아봄으로써 알 수 있습니다. 버스를 타는 비장애인은 "왜 돌아다녀"라는 말을 들어도 위축돼서 '다음에는 버스를 타지 말아야지'라고 생각하지 않습니다. 애초부터 그렇게 말하는 사람도 없고요. 하지만 사람들의 차가운 시선을 여러 군데에서 느껴왔던 장애인이 마음먹고 버스를 타 보았는데, "왜 돌아다녀"라는 말을 듣는다면 웃고 넘어갈 수 있을까요. 웃고 넘어가려 한들 정신적인 괴로움은 스스로 감당해야 하고, '이제는 안 다니고 말지'라고 생각하면서 가고 싶은 곳에 가기를 포기할 수도 있습니다. 그래서 똑같은 말을 하더라도 사회적 소수자에게 한 것인지 아닌지에 따라서 그 효과가 달라집니다. 지금까지 받아온 차별을 다시 떠올리게 하는 것, 그것이 혐오표현입니다.

간추려 보기

- 혐오표현은 사회적 소수자 집단을 말로 공격하고, 그들에게 차별과 폭력을 가해도 된다는 생각을 퍼뜨리는 표현을 뜻한다.
- 사회적 소수자는 단순히 숫자가 적은 집단이 아니다. 사회적 소수자는 정치·경제·문화·사회의 전반적인 영역에서 지배적이거나 주류가 아닌 집단으로써, 부당한 차별에 노출된 사람들을 말한다.
- 혐오표현은 평소에 차별받던 사람들이 그 기억을 다시 떠올리게 만든다. 따라서 평소에 그런 차별을 경험하지 않는 집단을 향한 표현은 혐오표현이라 할 수 없다.

2장 혐오표현은 왜 나타나는 걸까요?

편견과 차별의 역사

사람들은 어떤 사람이나 사물이 지닌 수많은 정보 속에서 몇 가지 특징을 묶어 전형적인 이미지를 만듭니다. 이건 인간의 자연스러운 사고 활동입니다. 이를테면 우리는 이 세상에 있는 모든 고양이를 보지 않더라도 고양이의 전형적인 특징을 묶어서 생각할 수 있기 때문에, 처음 본 고양이라고 해도 그것이 고양이인지 알 수 있지요. 하지만 우리가 생각하지 않은 모습의 고양이, 예를 들어 뿔이 달린 고양이가 나타나면 어떨까요. 이런 고양이도 있구나라고 생각하는 사람도 있겠지만, 저건 고양이가 아니야라고 부정하거나 병에 걸린 변종 고양이라며 징그러워하는 사람도 있을 겁니다. 그중에는 이 고양이도 지구상에서 함께 공존해야 하는 생명체인 것을 부정하거나, 기괴한 변종 고양이라고 생각하면서 없애거나 가두려고 하는 사람이 생길 수도 있습니다.

이것은 사람에 대해서도 마찬가지입니다. 과거 18~19세기 유럽의 과학자들은 인류를 인종에 따라 분류한 뒤 인종마다 지적·도덕적 능력이 다르고, 흑인은 가장 열등한 인종으로 동물에 가깝다고 보았습니다. 그러니 소나 말에게 농사일을 시키듯 흑인들을 집이다 일을 시켜도 된다고 생각했고, 말을 듣지 않으면 채찍질을 하거나 죽였습니다. 사람이 아니라고 생각했으니 죄의식도 느끼지 않았죠.

▌한때 유럽인과 미국인들은 피부색이 다른 아프리카인들을 노예로 만들어 물건처럼 거래했다.

특정 집단을 사람은 사람인데 모자란 사람으로 보는 경우도 있습니다. 영화 〈**서프러제트**〉는 선거권, 재산권, 양육권 등 각종 권리를 인정받지 못했던 1900년대 초 영국 여성들의 선거권 투쟁 운동을 그리고 있습니다. 이 영화 첫머리에 이런 말이 나옵니다. "여자에게 투표권을 주면 사회구조가 무너집니다. 여자에게 투표권을 주면 돌이킬 수 없게 됩니다. 그다음에는 여자들이 국회의원, 장관, 판사가 될 권리를 달라고 할 겁니다." 남자도 여자도 사람이지만 여자는 판단능력이 떨어지는 사람이라고 생각했기 때문에 여자가 국회의원이나 판사가 되는 것은 이상한 일이고 사회에 도움이 안 된다고 생각한 것입니다. 1800년대 유럽과 미국에서 발달하기 시작한 정신의학은 동성애자를 정신질환을 앓고 있는 사람이라고 분류했고, 동성 간 연애 감정은 이상한 현상이라고 진단하였습니다. 그 결과 1930~40년대 독일 나치당은 동성애자를 '유전적 별종'으로 보고 유대인과 함께 학살하기까지 하였습니다.

▎ 20세기 초까지 여성에게는 선거권이 없었기 때문에, 여성들은 직접 권리를 요구하고 나섰다.

우리는 이제 이런 생각들이 편견임을 알고 있습니다. 흑인도 사람이고, 여자가 판사를 해도 사회가 망하지 않으며, 자신과 같은 성별의 사람을 연인으로 사랑하는 사람이 병에 걸린 게 아님을 압니다. 하지만 한 번 생긴 편견은 쉽게 사라지지 않습니다. 지금 우리가 사는 시대에도 이러한 편견들은 완전히 사라지지 않았고, 사회적 차별도 줄어들고 있지만, 여전히 존재합니다.

다큐멘터리 〈인간극장〉에는 콩고에서 정치적 탄압을 피해 난민 자격으로 한국에 들어온 욤비 토나 씨가 지하철을 타는 장면이 나옵니다. 그런데 자리가 많이 있는데도 서서 가는 욤비 토나 씨에게 제작진이 안 앉으시냐고 묻자, 욤비 토나 씨는 "지하철에 타서 자리에 앉으면 옆에 사람이 안 앉아요… 그래서 서서 가는 게 오히려 편해요."라고 말합니다. 우즈베키스탄에서 한국으로 귀화한 구수진 씨는 다수의 한국인에 비해 어두운 피부색을 가지고 있습니다. 어느 날 6살 난 아들과 목욕탕에 갔다가 들어갈 수 없다는 말을 들었습니다. 목욕탕 주인은 수진 씨의 피부색을 보고 사우나 물을 더럽힐 수 있고, 외국인은 에이즈 문제도 있어서 다른 손님들이 싫어하니까 못 들어오게 했다고 말했습니다.

잠복된 위험이 드러나는 계기1 : 사회적 재난, 경제적 어려움 등

우리는 힘든 일이 있을 때 그 원인을 찾으려고 합니다. 그 원인은 나에게 있기도 하고 내 주변이나 사회에 있기도 합니다. 하지만 자기 자신이나 거대하고 눈에 보이지 않는 사회 전체에서 문제의 원인을 찾지 않고, 눈앞에 보이는 사람을 원인으로 규정하면 마음이 한결 편해질지도 모릅니다. 모든 문제의 원인이 내가 아니라 너한테 있으니 나는 잘못한 게 없다고 생각할 수 있기 때문입니다.

이러한 모습은 사회에서도 나타납니다. 지진, 홍수 같은 천재지변 또는 전쟁 등의 재난이 일어나거나, 경제적으로 어려운 상황이 지속되면 사람들은 불안과 분노를 느낍니다. 이때 사람들 사이에서는 그것을 누군가의 탓으로 돌리는 경향이 생깁니다. 그리고 가장 쉽게 표적이 되는 대상은 자신들이 이전부터 탐탁지 않게 혹은 부정적으로 생각해 왔던 사람들, 또는 공격을 받아도 쉽게 반발하지 못할 사람들입니다. 주로 사회적 소수자들이 표적이 되지요. 독일 저널리스트 카롤린 엠케는 혐오표현의 패턴이 가진 특징 중 하나로 현실을 지나치게 단순화하고, 표적이 되는 집단의 구성원을 개인이 아닌 전체를 대표하는 하나의 이미지 혹은 특징으로만 인식하는 것을 듭니다. 외국인 노동자는 범죄자, 동성애자는 문란한 자라고 부르는 식으로 말입니다.

1923년 일본에서 대규모 지진이 일어났습니다. 14만 명의 사망자, 행방불명자와 340만 명의 이재민이 발생한 간토대지진이었습니다. 지진이 일어난 때가 마침 점심시간이라 주방을 사용하던 집이 많아서 대규모 화재까지 번지는 등, 사회는 극도의 혼란과 공포에 휩싸였습니다. 그런데 사람들 사이에서 '조선인이 폭동을 일으킨다', '조선인이 불을 질렀다', '조선인이 우물에 독을 넣었다'라는 소문이 퍼졌습니다. 지진으로 먹을 것, 잠 잘 곳도 사라진 혼란한 상황에서 사람들에게 조선인은 곧 범죄자로 보였죠. 그렇게 지진 직후 식민지 조선에서 건너온 사람들이 분노한 일본 사람들에게 살해되었고, 3,000명에서 6,000명 정도가 목숨을 잃었다고 합니다.

1930년대 세계 경제가 **대공황**을 맞이하는 가운데, 독일은 제1차 세계대전에서 패한 상황이어서 극도의 가난에 시달려야 했습니다. 유럽 사람들 사이에는 오랫동안 소수민족이었던 유대인에 대한 편견이 있었고, 당시 독일에서 정권을 잡은 히틀러의 나치당은 독일이 경제적으로 어려운 이유가 소수의 유대인이 독일의 부를 가지고 있기 때문이라고 말했습니다. 경제적 궁핍에 시달리던 독일인들은 유대인들이 재산을 몰수당하고 수용소로 잡혀가 죽임을 당해도 묵인하기에 이르렀습니다.

잠복된 위험이 드러나는 계기2 : 소수자의 가시화와 권익 증진

과거 일본의 식민지였던 한반도 출신의 재일 조선인들은 공무원, 교사, 대기업 직원이 되지 못하였습니다. '막노동꾼(노가다)이 인간이냐, 조선인이 인간이냐'라는 말을 듣고 살아야 했던 사람들은 주로 음식점 같은 가게를 차리거나 운동선수와 같이 능력이 중시되는 전문직으로 나아갔는데, 그 안에서 크게 성공한 사람들이 나오기 시작했습니다. 일본의 큰 통신회사 소프트뱅크의 손정의 사장, 프로야구 선수인 장훈 선수를 비롯하여 작은 가게를 큰 회사로 성장시킨 사람도 많이 생기면서 재일 조선인·한국인들이 일본 사회에 모습을 드러내기 시작했습니다. 그러자 재일 조선인에 대한 편견을 가지고 있던 일본 사회에서는 점차 이들이 흉악하고 장차 일본 사회를 위협할 사람들이라는 생각을 적극적으로 드러내기 시작했습니다. '혐한'이라는 단어와 함께 한국인이 왜 나쁜 민족인지 설명하는 책도 늘어났고, 급기야 재일 조선인·한국인을 몰아내기 위해 활동하는 단체도 생겼습니다.

1970년대 프랑스에서는 중동의 이슬람 국가에서 이주해 온 여성들의 사회 진출이 두드러졌습니다. 처음에 이슬람 국가 출신 이주 여성들은 프랑스어도 읽고 쓸 줄 모르는 불쌍한 사람 취급을 받았습니다. 그러나 이주 여성들은 점차 프랑스어도 하고 직장도 가지면서 편견과 부당한 차별을 철폐해야 한다고 말하기 시작하였습니다. 이렇게 사회에서 목소리를 내기 시작하자, 프랑스에서는 이들을 향한 공격적인 시선이 늘어났습니다.

1995년 동성애자인권모임이 각 대학에 만들어지고, 동성애자임을 밝히고 인터뷰한 사람도 나오면서, 동성애자들이 한국 사회에서 목소리를 내기 시작했습니다. 그전까지 자신을 숨기거나 이성애자인 척 거짓말을 하고 지내야 했던 동성애자를 비롯한 성 소수자들이 자신을 긍정적으로 받아들이고 사회의 인식을 변화시키기 위해 거리로 나서는 **자긍심 행진**(pride parade)이 한국에서도 시작되었습니다. 처음에는 수십 명의 사람이 행진하였지만, 해를 거듭하면서 점점 용기를 내서 나오는 사람들이 늘어났고, 15회째를 맞이하던 2014년 서울 신촌에는 3천여 명의 사람들이 행진하기 위해 모였습니다.

▌ 사회에서 숨어지내던 성 소수자들이 거리로 나서자 이들을 향한 공격과 혐오기 증폭되었다.

하지만 행진은 해가 질 때까지 제대로 시작도 못 했습니다. 도로에 드러눕고 욕을 하는 한 무리의 사람들 때문이었습니다. 이 해부터 지금까지 매년 한 번 있는 자긍심 행렬 주변에서는 '올바른 성문화'를 위한 집회가 열리고 있습니다. '동성애는 죄'라는 문구를 붙인 트럭과 함께요.

2000년대 들어서 한국 사회에는 다양한 지역 출신 사람들이 늘어났습니다. 2017~18년 기준으로 한국에 사는 사람의 약 3퍼센트는 해외에서 온 이주민이고, 이주민 자녀 중 초·중·고등학교에 재학 중인 학생은 전체 학생의 약 2퍼센트를 차지합니다. 현재 한국에 사는 북한 출신 주민은 약 3만 명으로 거의 0.06퍼센트를 차지합니다. 최근 한국보다 가난한 곳에서 왔다고 생각되는 사람들을 비하하는 표현이 부쩍 늘어났습니다. 한국인과 결혼한 이주 여성에게 "너희 나라는 가난한 나라인데 굳이 왜 그 나라 말을 배우냐?" 라고 한다거나, 북한 이탈 주민에게 "북한에서 온 거지 같은 것들"이라고 말한 사례들이 늘어나고 있습니다. 이들은 더럽다거나 자기 나라로 돌아가라는 말도 많이 듣는다고 합니다.

한 사회의 소수자들이 목소리를 내거나 사회적 지위를 얻기 시작하면, 다시 말해 그들이 사회의 일원으로 모습을 적극적으로 드러내기 시작하면 그 반작용으로 일상생활에 존재하던 편견들과 그로 인한 사회적 차별이 공격과 혐오로 증폭됩니다. 편견을 가진 사람들은 소수자들을 멀리하고 싶어 하는데, 이들이 눈앞에 나타나기 시작하니 당황하며 다시 안 보이는 곳으로 보내 버리고 싶어 합니다. 하지만 이들은 자기가 하는 말이 공격도 혐오도 아니며, 자신은 정당하고 옳은 말을 했다고 생각합니다. 다음 장에서는 바로 이러한 혐오표현의 다양한 특징들을 알아봅시다.

- 혐오표현의 밑바닥에는 사회 전체에 퍼져 있는 사회적 소수자들에 대한 부정적인 편견이 깔려 있다.
- 사회적 소수자에 대한 편견은 그 구성원들을 인격을 가진 고유한 개인들이 아니라 하나의 부정적인 전체로 이미지화한다.
- 사회적인 재난, 경제적 어려움 등 위기상황이 발생하거나, 드러나지 않았던 사회적 소수자들이 목소리를 내고 힘을 얻기 시작하면, 이들에 대한 부정적인 편견은 혐오표현의 모습으로 폭발한다.

3장 혐오표현은 왜 위험한가요?

혐오표현은 다양한 방식과 내용을 담고 있지만, 그 안에서 어느 정도 공통적인 요소들을 찾아낼 수 있습니다. 혐오표현으로 사회적 문제가 되었거나 벌금을 받았던 해외의 사례를 살펴보면서 이야기해 봅시다.

혐오표현의 내용

그 집단의 속성이나 그 속성을 보유한 인간 자체를 흉악하거나 더럽게 묘사한다

사회학자 잭 래빈 교수와 고르다나 라브레노비치 교수는 일반적인 혐오와 병리적인 혐오를 구분합니다. 그리고 혐오표현에서의 혐오는 병리적 혐오로서, 특정 집단을 부정적 혹은 극단적으로는 악인이라고 보고 이들이 자기 사회의 유산, 문화, 정당한 지위를 파괴한다고 여기는 특성을 가진다고 말합니다. 그 집단에 속한 사람을 '생존해서는 안 되는 끔찍한 존재', '유전적으로 열등한 자', '야수', '인간 이하의 쓰레기'라고 여기는 것이지요. 예를 들어 캐나다에서 혐오표현으로 벌금을 받은 사건으로, 인터넷에서 "아프리카에서는 의미 없이 사람을 때린 다음 불에 태우고 거리를 끌고 다닌다."라고 주장한 경우나 "유대인은 사기꾼, 범죄자, 전쟁을 퍼뜨리는 자, 소아성애자이며, 반생명적이고 혐오로 가득 찬 것이 그들의 본성이다. 그들은 변하지 않을 것이

고 변하지 못할 것이다."라고 주장한 경우가 있습니다.

그 집단을 무지하거나 불쌍한 동정적인 존재로 보고 지도나 교육이 필요하다고 주장한다

심리학자 고든 알포트 교수는 편견을 '혐오편견(hate-prejudice)'과 '사랑편견(love-prejudice)'으로 나눕니다. 혐오편견은 그 사람이 제거, 멸종되기를 원하는 반면, 사랑편견은 스스로 그 사람을 적대감 없이 사랑한다고 믿는 방식으로 나타납니다. 사랑편견은 그 집단이 가지는 속성 자체가 존재하지 않는다고 여기거나 그 집단의 사람들이 불쌍하니 구제해 주어야 한다는 내용을 담습니다. 벨기에의 한 추기경이 잡지에 진짜 동성애자는 전체의 5~10퍼센트 밖에 안 되고 나머지는 모두 **성도착자**(sexual pervert)'라고 하며, "진짜 동성애자들은 외향적인 모습을 하고 거리를 뛰어다니지 않는다. 진짜 동성애자들은 심각한 문제를 가지고 있다. 우리는 그들을 도와야 한다. 그들은 성도착자이거나 병든 자들이다."라고 말한 경우를 예로 들 수 있습니다.

일반적·정상적·올바른 사람들이나, 사회나 세계 전체에 악영향을 미치기 때문에, 이들을 사회에서 배제·추방·교정하는 것은 정당하다고 주장한다

혐오표현은 한 소수자 집단이 그 자체로 사회에 안 좋은 영향을 미친다고 생각하기 때문에, 이들을 추방하거나 교정하는 것이 '정상적'이고 올바른 시민들을 위한 것이고, 사회 전체를 위해 혹은 도덕적으로 바른 선택이라고 생각하는 데서 나옵니다. 정치학자 비쿠 파레크 교수는 혐오표현이 가지는 본질적인 특징을 꼽으면서, 혐오표현을 하는 사람은 어떤 집단이나 그 집단의

구성원이 '바람직하지 않은 특징'을 가지고 있기 때문에 '적대의 대상이 되는 것이 정당'하다고 본다고 말합니다.

일본에서 혐오표현으로 문제가 된 '재특회'라는 단체가 있습니다. '재특회'는 '재일특권을 허용하지 않는 시민모임'의 준말인데, 여기서 '재일'은 일본에 사는 한국인·조선인을 의미합니다. 모임 이름에서도 알 수 있듯이, 이들은 재일 한국인·조선인이 일본인도 아닌데 혜택을 받고 있다고 믿으면서, "천황 폐하까지 모욕을 당했는데 진심으로 분노한 일본인이 나서는 건 당연한 것 아니야?", "재일은 일본 사회의 역병"이라고 하며 여러 차례 거리 시위를 하였습니다. 그리고 2009년 재일 한국인·조선인 유치원과 초등학교 학생들이 다니는 교토의 조선제일초급학교 앞에서 시위를 벌였습니다. 재특회는 '교토 조선학교가 아동공원을 불법점거'하고 있기 때문에 쫓아내야 한다고 소리쳤습니다. 그런데 현재 일본에서는 의무교육에 해당하면 일본학교뿐만 아니라

▌ 재일 한국인·조선인에게 특권이 주어지고 있다고 주장하는 일본인들이 일장기와 욱일기를 들고 시위를 벌이고 있다. 출처: 연합뉴스.

혐오의 특징

1. 표적집단을 사회의 주요조직을 지배하며 타인의 생존이나 안전 등을 침해하는 강력한 적으로 묘사한다.
2. 신뢰성이 높아 보이는 실화나 뉴스 보도 영상 등을 이용하여 표적집단을 부정적으로 일반화한다.
3. 표적집단이 어린이, 노인, 약자 등을 이용한다고 묘사한다.
4. 표적집단을 현재 사회나 세계 전체가 가진 문제의 원인으로 묘사한다.
5. 표적집단을 본질적으로 위험 또는 폭력적인 존재로 묘사한다.
6. 표적집단의 구성원이 무가치하고 생래적으로 사악하다는 사상을 표현한다.
7. 표적집단에 의한 해악으로부터 타인을 구하기 위해 해당 집단을 추방, 격리, 절멸하는 것이 유일한 방법이라고 표현한다.
8. 표적집단을 동물, 해충, 배설물과 비교하여 비인간화한다.
9. 극단적으로 강한 적대감과 모욕을 불러일으키기 위해 매우 선동적으로 모욕적 표현을 사용한다.
10. 표적집단의 구성원이 과거에 경험한 박해나 비극을 과소화하거나 축복한다.
11. 표적집단에 대한 폭력을 선동한다.

– 캐나다 인권재판소 워만 판결 (Warman v. Kouba, 2006CHRT50)

국제학교도 정부가 재정을 지원합니다. 조선학교만 빼고요. 가난한 조선학교 학생들은 운동장이 없어서 근처 공원에서 체육활동을 했는데, 재특회는 그것을 보고 자기 땅을 '약탈'했기 때문에 쫓아내야 한다고 주장하며, 교문

앞에서 "바퀴벌레", "죽어버려", "약속이라는 것은 인간끼리 하는 겁니다. 인간과 조선인으로는 약속이 성립되지 않습니다."라고 소리쳤습니다. 일본 저널리스트 야스다 고이치씨는 "재특회 회원 중에는 세상의 모순을 해결할 열쇠를 모두 '재일'이 쥐고 있다고 믿는 사람이 적지 않다. 그 중 일부는 정치도 경제도 재일이 이면에서 조종하고 있다고 진심으로 믿고 있다. 이런 전제에서 볼 때 그들은 자신들 재특회야말로 학대받는 이들의 편이라고 호소하는 것"이라고 평하였습니다.

혐오표현의 방식

욕설이나 비하하는 표현을 한다

혐오표현의 대상이 되는 집단에 욕설이나 비하하는 표현을 사용하는 경우들을 살펴볼까요. 앞서 이야기한 일본의 재특회가 교토조선학교 앞에서 소리친 내용 중 "김치 냄새난다!", "조선인은 똥이나 먹어!"라는 발언이나, 유럽에서 축구 경기 중에 "검둥아 집에 가라(Niggers go home)"라고 하는 발언들이 예시가 될 수 있습니다. 외국에서 선수로 활동하는 한국인이 인종차별을 당했다는 기사도 심심치 않게 보이는데요, 동양인을 비하하는 뜻으로 눈을 찢어 보이는 제스처를 취한 사람이 벌금형을 받았다는 이야기도 들립니다. 이것도 인종적 혐오표현의 한 사례입니다. 한국에서 보이는 "발달장애인들은 산속에 처박아라", "발달장애인은 모두 죽어야 한다.", "그런 자식을 낳은 엄마부터 죽어라"라는 인터넷 댓글들도 장애인을 비하하는 표현입니다.

폭력이나 차별을 선동한다

혐오표현을 하는 사람들은 자기 생각이 옳다고 생각하기 때문에, 다른 사람들을 설득하고 싶어 합니다. 그리고 그 집단을 '정상적인 우리들'과 다르게 취급해야 한다고 말합니다. 예를 들어 "당신은 이슬람교도들을 믿어도 좋다고 생각하겠지만, 다시 생각해보라. 그들은 비열하고, 후진적이고, 위험한 사람들이라 혐오를 받을 만하다. 우리들이 뭉친다면 이슬람교도들은 몸 조심하는 게 좋을 거다!", "여기 우리 기독교의 땅에 있는 이슬람교도들을 죽이는 사람한테는 내가 가진 전 재산을 줄 것이다."와 같은 표현들이 한 사례입니다. 한국에도 "다문화 정책으로 인하여 한국의 순수혈통이 사라져 민족의 소멸을 초래할 것", "이주민과 외국인의 유입으로 인하여 나라가 망할 것"이기 때문에 동남아시아 등지에서 온 외국인 노동자나 결혼 이주 여성을 추방하거나 받아들이지 않아야 한다고 말하는 사람들이 있지요.

왜곡된 사실을 주장한다

혐오표현의 내용에는 통계나 사실(팩트)을 근거로 들어서 자기 주장을 정당화하는 경우도 있습니다. 문제는 이 내용이 앞뒤 배경을 빼고 자신이 원하는 대로 왜곡된 사실이라는 점입니다. 재특회가 한국인을 '위증죄 발생률이 일본인의 265배, 강간은 40배인 민족'이라고 묘사한다거나, 캐나다의 한 고등학교 선생님이 역사 수업에서 유대인은 유대인 학살이 없었는데도 역사를 날조해 피해자 행세를 하며 지원금을 받는다고 말한 경우를 생각해 볼 수 있습니다.

1963년 미국 남부 미시시피 잭슨을 배경으로 하는 영화 〈헬프〉는, 백인 가정에서 일하는 흑인 가정부들이 말하지 못했던 자기 경험을 책으로 만드는 이야기입니다. 백인인 스키터는 에이블린이라는 흑인 가정부에게 그녀의 삶을 이야기해 달라고 합니다. 혹시나 자신들이 이야기한 것이 들킬까 봐 조심하면서도, 에이블린 외에 다른 흑인 가정부들은 하나둘씩 자기 경험을 이야기하게 됩니다. 영화에서는 당시 백인들이 흑인들을 어떻게 생각했는지 잘 나타납니다. 스키터의 친구이자 백인인 힐리는 이렇게 말합니다.

"검둥이랑 화장실을 같이 쓰면 위험해. 걔들은 우리랑 다른 병을 옮길 수 있다니까."
"모든 백인 가정은 유색인 가정부용 화장실을 따로 만들어야 한다는 가정위생법안을 만들자고 건의했어."
"질병을 예방하기 위한 법이야. 우리 애들의 건강은 내가 지킬 거야."

스키터의 도움으로 에이블린과 다른 흑인 가정부의 경험을 적은 책이 백인인 스키터의 이름으로 출판됩니다. 흑인 가정부들은 본명이 드러나면 위협을 받을 수도 있으니까 가명으로 적었고요. 화가 난 힐리는 식기가 없어지자, 에이블린이 훔친 거 아니냐고 경찰을 부르겠다고 소리칩니다. 그때, 에이블린이 처음으로 대항합니다.

"당신은 구제 불능이야. 지치지도 않니?"

영화는 편견과 혐오가 어떤 모습을 하고 있는지, 그 대상이 되는 사람들이 거기에 대항하여 자기 목소리를 내는 것이 얼마나 어려운지, 하지만 주변의 지지가 얼마나 많은 용기를 주는지 잘 보여 줍니다. 50여 년 전 먼 나라인 미국의 흑인들에게 일어난 과거의 일을 다루지만, 지금 한국에 사는 우리들에게도 많은 시사점을 주는 영화입니다.

에이블린이 마지막에 남긴 말은 혐오표현으로 상처 입고 있는 한국의 친구들에게, 그리고 우리 사회에 들려주고 싶은 말입니다.

"하나님은 원수를 사랑하라고 했지만, 그건 쉽지 않다. 하지만 진실을 말하는 게 그 첫걸음이 될 수 있다. 내가 나로 사는 것이 어떤 것인지 그 전엔 아무도 물어본 적이 없다. 하지만 이렇게 진실을 말한 후의 난 자유로워졌다. 그리고 내 주변의 모두에 대해 생각하게 되었다."

어떤 국가 정책을 펼쳐야 한다는 정치적 표현을 한다

어떤 혐오표현은 사회적 소수자를 국가 정책에서 배제해야 한다거나 차별 철폐를 위한 제도를 만들지 말아야 한다는 주장과 같이 정부에 적극적인 행위를 요구하는 정치적 표현으로 나타나기도 합니다.

선거 운동에서 "벨기에의 이슬람화에 저항하라", "엉터리 통합정책을 멈추라", "비유럽인 구직자를 돌려보내라"와 같은 전단을 배포한, 벨기에의 한 국회의원은 인종차별을 이유로 사회봉사명령과 10년간 자격박탈을 선고받았습니다. 또, 영국에서는 "이슬람은 영국을 나가라, 영국인을 보호하라 (Islam out of Britain-Protect the British People)"는 포스터를 한 정당에서 배포한 사건이 있었고, 캐나다에서는 정치인이 전화 메시지로 유대인이 실업, 인플레

집중탐구 **역사부정주의 표현**

어떠한 역사적 사실을 부정하려는 시도를 역사부정주의라고 합니다. 가장 대표적으로 홀로코스트(제2차 세계대전 당시 유대인학살) 부정주의가 있습니다. 아우슈비츠 수용소의 가스실은 없었다거나, 유대인 집단학살은 유대인들이 자신들의 이익을 위해 날조한 것이라는 주장이 여기에 포함됩니다. 일본에서 난징대학살이 없었다거나, 소위 '위안부'는 자발적인 성매매 여성들이었다고 말하는 것 역시 여기에 해당합니다.

역사적 사실은 여러 기록물이나 증언을 통한 고증, 당시 사회적 배경 등을 바탕으로 밝혀지는 것으로, 사람에 따라 다르게 해석될 여지가 있습니다. 그런데 일부 역사부정표현은 특정 집단이 당한 인권 침해나 그들을 위한 권리 구제를 부정하는 근거로 사용됩니다. 홀로코스트 부정표현도 나치의 사상을 지지하는 사람들이나 유대인을 혐오하는 사람들이 주장하기 시작했습니다. 단순히 역사적 사실에 대한 새로운 학문적 발견과 토론을 위한 것이 아니라 역사적 피해를 당한 집단들을 공격하는 과정에서 활용된 것이지요. 그래서 혐오표현을 규제하는 많은 나라에서는 홀로코스트 부정표현도 유대인에 대한 혐오표현으로 이해하고 있습니다.

만약 어떠한 역사적 사실을 부정하는 표현이 당시 피해자들의 존엄을 침해하고 권리 구제를 막으려 한다면, 이 역시 혐오표현과 같은 위험성을 가집니다. 한국에서는 이와 관련하여 박유하 교수의 《제국의 위안부》라는 책이 "조선인 일본군위안부 중에는 자발적인 의사에 따라 위안부가 된 사람이 있다."와 "일본국이나 일본군이 법령이나 지시 등의 공식적인 정책을 통해 조선인 여성들을 유괴하거나 물리적으로 강제연행하여 일본군 위안부로 만든 사실은 없다."라는 표현으로 문제 된 바 있습니다.

또한 5·18 광주 민주화 운동을 부인하는 표현도 크게 문제가 되고 있습니다. 1980년에 일어나 5·18 광주 민주화 운동은 전두환 국군보안사령

관이 군대 내 사조직을 동원하여 총리 관저를 제압하고, 반대하는 정치인이나 군인을 납치하거나 감금하여 국가를 장악한 12·12 쿠데타에 항거한 광주 시민들의 항쟁입니다. 전두환 정권은 군대를 보내서 광주 시민들을 진압하려 했고, 최소 550여 명의 광주 사람들이 죽거나 다쳤습니다. 정부는 그 후 '불순세력'의 폭동이 발생했다고 발표해 버립니다. 이러한 군에 의한 학살과 은폐는 1990년대에 민주화가 이루어진 후에야 진상이 드러났습니다. 그런데 최근 몇 년간 일부 극우 정치인들이 "5·18은 북한군이 개입한 폭동", "종북좌파들이 판을 치면서 5·18 유공자란 괴물 집단을 만들어내 우리 세금을 축내고 있다."고 주장했습니다. 이러한 표현은 한국 민주주의 발전의 역사를 부정할 뿐만 아니라, 당시 사망한 사람들의 유족과 다친 사람들에게 큰 고통과 좌절을 안겨 주고 있습니다.

이션, 파업과 같은 경제적 문제들을 일으키며, 공산주의를 이용하여 이와 같은 음모를 펼치고 있다는 내용을 유포한 사건도 발생하였습니다.

혐오표현이 사회적 소수자에게 미치는 영향

일상에서 알게 모르게 늘 차별을 접해 온 사람들은 혐오표현을 접할 때 심적으로 힘든 경험을 하게 됩니다. 혐오표현에 담긴 편견들을 한두 번 경험한 게 아니기 때문이지요. 우리는 무인도에서 혼자 사는 게 아니라 다양한 사람들과 함께 살아갑니다. 가깝게는 가족, 친구, 선생님, 동네 사람들과 얼굴을 마주하면서, 또 멀게는 거리나 인터넷 등에서 만나는 모르는 사람들까지 모두 함께 살아갑니다. 그 안에서 누군가가 나를 쫓아내려고 하거나 내

존재를 부정하고 욕한다면, 그리고 그것이 내가 어떤 행동을 해서가 아니라, 단지 내가 나로 존재하고 있기 때문이라면 어떨까요. 슬프고 고통스럽고, 매일의 일상생활이 긴장되겠지요. 나 자신을 사랑하기 힘들어서 자존감에 상처를 입고, 이 사회의 일원이 아니라는 소외감과 좌절감을 느낄 수도 있습니다.

심적인 고통은 신체에 영향을 미치기도 합니다. 혐오표현을 듣는 순간 호흡이 빨라지고, 두통, 혈압 상승, 어지러움을 경험하거나, 맥박 수가 증가하기도 합니다. 무기력하거나 피곤해지고, 원형탈모증과 같이 스트레스로 인한 질병으로 신체 건강이 나빠지기도 합니다. 이러한 상황이 반복되면 우울증이나 공황장애, 외상 후 스트레스 장애로 발전하기도 하고 자살 충동을 느끼거나 실제 자살로 이어질 가능성도 있습니다. 또, 때로는 이런 고통에서 벗어나기 위해 자신의 정체성을 스스로 부정하거나, 더 지키기 잘못한 거라고 생각하며 움츠러들기도 하고, 어떨 때는 고통을 감당하지 못하고 또 다른 약자를 공격함으로써 분노를 분출하기도 합니다.

그뿐만 아니라 혐오표현은 사회생활에도 영향을 미칩니다. 학교나 직장에서 혐오표현을 집하는 사람들은 학교나 직장을 그만두기도 하며, 누가 혐오표현을 할지 몰라 아예 사람들을 피하거나 방송이나 인터넷을 안 보기도 합니다. 혐오표현이 한 사람의 일상생활과 사회생활에까지 영향을 미치는 것이지요. 사회심리학자 클로드 스틸 교수는 혐오표현의 표적이 되는 사람들은 경쟁적인 상황에서 미리 실패하리라고 여기는 경향이 생기며, 혐오표현을 당한 청소년들이 일부러 공무원, 교사, 사회복지사처럼 편견이 덜 할 것 같은 직업을 찾으려고 한다는 연구 결과를 발표하기도 하였습니다.

모든 사람은 존엄하고 행복하게 살 권리가 있습니다. 혐오표현은 바로 이러한 인간의 기본적인 권리를 침해하는 것입니다.

혐오표현이 사회 전체에 미치는 영향

혐오표현을 하는 사람들에게 물어보면, 자기가 혐오표현을 한다고 인정하는 사람은 드뭅니다. 대부분 '편견이나 차별적인 생각을 하는 게 아니라 사실을 말하는 거다. 나는 그 사람들을 차별하려는 게 아니라 사회를 위해 필요한 말을 하는 것이다'라고 생각합니다. 혐오표현의 대상이 되는 사람들을 편견의 눈으로 바라보던 것이 이미 그 사회에서 오랫동안 일반적인 상식으로 자리 잡아 왔기 때문입니다. 사회학자 안소니 코르테스 교수는 어떠한 소수자 집단에 대한 편견이 왜 지속되는지를 문화적인 측면에서 설명합니다. 한 사회에서 어떤 집단이 부정적인 방식으로 고정 관념화되어 있을 때 이것

2016년 '혐오표현 실태조사 및 규제방안 연구'에서는 혐오표현을 경험한 사람들의 사례를 정리하고 있습니다. 직접 이야기를 들어 봅시다.

올해 여성이 나를 무시해서, 또는 여성을 혐오해서 살인했다고 범인이 범행동기를 말한 사건이 강남역 살인사건 말고도 더 있었잖아요. 수락산, 사패산 살인사건인데요. 그때 산행하다가 50, 60대 여성 두 분이 돌아가시고서, 제 주변에서 "산에 안 간다.", "그런 사건이 일어나기 전에는 한 번씩 답답하면 산에 가기도 하고 그랬는데, 무서워서 가벼운 동네 산행조차 안 하게 된다."는 여성들이 많아졌죠.

-사례 B 여성

술 취한 아저씨가 전철에 타더니 저한테 "너희 나라로 가" 이러는 거예요. 저는 "여기가 내 나라인데요."라고 답하고 '내가 왜 이런 대화를 하고 있나', '더 이야기해야 하나', '전철에서 내려야 하나', '다른 칸으로 이동할까' 하고 고민하는 거죠. 다행히 제 앞에 앉은 아저씨가 말려줬어요. 이런 일은 정말 많아요. 기억 속에서 다 지우고 싶죠. 어떨 때는 진짜 한국에서 살기 싫어질 때가 있어요. 계속 긴장하고 이렇게 살아야 하나, 그건 싫다. 누구도 이주민으로, 이런 식으로 대우받으며 살고 싶지는 않을 거예요.

-사례 H 이주민

왜 나는 바들바들 떨면서 한마디도 못 하고 그렇게 무기력하게 있었을까. 집에 도착하니까 그런 생각이 들고. 그 당시엔 너무 놀라서 아무 말도 못 했고 하염없이 눈물이 나서 주체가 안 되는 거예요…… 전 좀 피곤

한 날엔 집 밖으로 안 나가요. 너무너무 긴장되죠. 또 무슨 일이 일어날까. 지치고, 두렵고, 화도 나고, 긴장되고, 위축되고, 어딘가로 도망치고 싶다는 생각을 하죠. 아무도 쳐다보지 않는 곳, 아무도 없는 곳으로. 하지만 밖에 나가면 일단 그게 안 돼요. 구석으로, 어딘가로 숨고 싶어요.

−사례 N 지체장애인 여성

제가 학교에 가고 오는 길에 그런 홍보물이 붙어 있는데, ○○교회 주변에도 많이 붙어 있었고요. 그게 정말 많아서 학교 오갈 때마다 그걸 보면. 아……. (말 잠시 멈춤) 화가 나면서, 무력하다고 해야 하나. 되게 무력감을 느꼈어요. 일단 제가 치울 수는 없으니까. 무력감이 꽤 오래 남아 있었어요. 저는 주변에 커밍아웃을 꽤 많이 한 편인데도, 소외감이 느껴지고. '나의 편이 되어줄 사람이 없다'고 생각하게 되죠. 학교 앞인데 학생들이 다 볼 수 있잖아요. 누군가는 무의식중에 그걸 그대로 받아들일 수 있잖아요.

−사례 R 청소년 성 소수자

은 개인의 일상에서 어린 시절부터 익숙하게 접하는 이미지로 인식됩니다. 그리고 사람들이 개인적 혹은 사회적 관계에서 그 집단에 대해 가지는 이해, 수용, 친밀성의 정도로서의 사회적 거리를 멀어지게 합니다. 또한 그 이미지는 사회 전체에 공유되면서 그다음 세대에도 전승되어 편견은 지속됩니다.

어릴 때 가족이나 인터넷 댓글에서 행동이 더딘 친구에게 "장애인 같아!"라고, 피부가 검은 친구를 보고 "더럽다!"라고, 꾸미는 것을 좋아하는 남자아이에게 "게이 같아!"라고 흉을 본다고 칩시다. 자연스럽게 사람들 사이에서 장애인은 모자란 사람, 피부색이 어두운 사람은 더러운 사람, 외모를 꾸미는 남자는 동성애자라는 편견이 상식으로 받아들여집니다. 하지만 장애는 모자란 것이 아니라 정신적 혹은 신체적으로 다수의 사람과 다른 부분이 있거나 사회적 지원이 필요한 것이고, 피부색은 다양한 사람들의 인종적 특징 중 하나이며, 남자라고 외모를 꾸미면 안 되는 것도 아닙니다. 외모를 꾸미지 않는 동성애자 남성도 있습니다. 커 가면서 주변에 장애를 가지거나, 나와 피부색이 다르거나, 성 정체성이 다른 친구들을 많이 만나면 그것이 편견이었다는 사실을 알게 되지만, 지금 우리 사회에서 이들을 일상적으로 아주 쉽게 만나지 못하는 것도 현실입니다. 만나더라도 친해지지 못할지도 모릅니다. 자신의 존재와 경험을 쉽게 드러내기 어려운 사회이기 때문이죠. 결국 '편견'은 '상식'의 가면을 쓰게 됩니다.

　혐오표현은 바로 이러한 환경에서 태어납니다. 편견이 겹치고 겹쳐서 이런 사람들과는 친해지고 싶지도 않고, 우리 사회에 함께 있고 싶지도 않다는 생각이 자리 잡은 사회에서요. 문제는 혐오표현이 이러한 생각을 더 확산시킨다는 것입니다. 특히 그냥 편견을 드러내는 말들이 아니라, 그래서 이 사람들을 어떻게 대해야 한다고 주장하는 혐오표현의 경우를 생각해 봅시다. 동남아시아에서 온 외국인 노동자나 난민을 추방하라거나, 동성애자를 치료해서 교정하겠다거나, 장애인은 거리에 돌아다니지 말라고 주장하는 사람들은 다른 사람을 설득하려고 합니다. 평소에 약간씩이라도 편견을 가지고 있었다면, 이런 말들에 많은 사람이 설득당할 수도 있습니다. 그 결과, 사람들의 차별 의식은 더 커지고, 혐오표현이 표적이 되는 사회적 소수자들은 더욱 불안하고 불평등한 환경에서 살아가게 됩니다.

많은 사람이 혐오표현에 담긴 차별적인 주장에 설득당하면, 그 주장들은 정책과 제도로도 만들어집니다. 국가의 정책, 제도, 법을 만들고 운영하는 사람은 국민이 직접 선거를 통해서 뽑은 국회의원들과 대통령입니다. 사람들이 사회적 소수자를 배척해야 한다고 생각하는 정치인을 국회의원이나 대통령으로 뽑으면, 법을 통해서 사회적 소수자들이 차별받을 수도 있습니다. 예를 들어 1930년대 독일 국민들의 투표로 총통이 된 히틀러는 유대인이 다른 독일인과 결혼하지 못하게 하고, 공무원이 되는 것도 금지하는 법을 만들었습니다. 사회적 소수자라는 이유로 법의 보호를 받는 게 아니라, 법에 의해 인권을 탄압받는 상황도 만들 가능성이 있다는 것이 혐오표현이 사회에 미치는 부정적인 영향입니다.

차별과 폭력의 악순환을 돕는 혐오표현

혐오표현이 위험한 이유는 단순히 말로 끝나지 않고, 사회의 많은 사람이 자기 생각을 행동으로 옮기게끔 할 수 있기 때문입니다. 혐오표현의 대상이 되는 사람들은 혐오표현이 만연한 사회에서 자기 목소리를 내기 점점 어려워집니다. 심적으로 힘들기 때문이기도 하지만, 내 주변 사람들이 나를 차별하고 부정적으로 생각한다면 자신을 드러내거나 평범하게 거리를 걷는 일에도 불안감을 가지게 되지요. 그런 상황에서는 혐오표현에 반대하는 목소리도 쉽게 내기 어려워집니다. 반대로 혐오표현의 내용에 수긍하는 사람은 점점 늘어납니다. 반박하는 사람이 없으니, 역시 내가 생각하고 있는 게 맞았다고 생각하게 되는 것이지요.

그 결과, **공적 토론장**이 왜곡될 수 있습니다. 공적 토론장이란 우리 사회

누구의 혐오표현이 더 위험할까?

사회적으로 많은 신뢰를 받거나, 더 많은 사람이 들을 수 있어서 확산이 쉬운 위치에 있는 사람일수록 그 사람의 혐오표현으로 인한 위험성은 더 커집니다. 가령 공무원이 자신의 차별 의식을 드러내는 발언을 하는 경우를 생각해 봅시다. 공무원은 국가 정책을 운용하는 사람들이기 때문에, 공무원이 소수자를 배제하는 정책이 옳다고 말하면 사람들은 정책 전문가인 공무원의 말을 믿어 버리기 쉽습니다.

또, 정치인이나 정당의 말은 언론을 통해 보도되기 때문에 많은 사람이 이를 접하게 됩니다. 이들이 어떤 소수자 집단을 가리켜 우리 사회에 해악을 미친다고 말하면, 사람들은 '공무원이 말하는 것이니 정부도 그렇게 판단하겠지'라고 생각하거나, '국가 정책의 방향을 제시하는 정치인이나 정당이 보기에 타당한 부분이 있으니까 저렇게 말하는 거겠지'라고 생각할 수 있습니다. 이들의 혐오표현은 그만큼 사회적 소수자 개인들에게는

▍ 미국 내 수소자를 향한 차별 의식을 드러내던 도널드 트럼프 미국 대통령의 당선 이후 미국 내에서 소수자를 향한 혐오범죄가 증가하였다.

더 많은 위축과 좌절을 안겨주고, 이들을 차별하는 사람들에게는 자신이 가진 편견이 잘못된 편견이 아니라, 신뢰할 수 있는 사람들도 믿는 정당한 의견 중에 하나라고 생각하게 만듭니다.

이렇게 신뢰와 권위를 가진 이들의 혐오표현이 지니는 위험성은 다른 경우들에서도 마찬가지입니다. 이를테면 언론 기사가 소수자에 대한 왜곡된 정보를 보도하거나, 편견을 드러내는 기사를 작성하면, 사람들이 뉴스에 나왔으니까 사실이라고 믿어버릴 공산이 커집니다. 학교에서 선생님이나 교수님이 하는 말도 마찬가지입니다. 사람들은 이들이 전문성을 가지고 있다고 생각하기 때문에, 이들의 생각을 비판 없이 수용하기 쉽습니다. 따라서 공무원은 물론이고, 정치인, 교사, 교수 등 사회적 권위를 가진 사람들은 자기 생각이 소수자에 대한 편견과 차별 의식에서 나온 것은 아닌지, 자신의 말이 혐오표현이 아닌지 더 깊게 고민하고 성찰해야 합니다.

에서 많은 사람이 자유롭게 이야기하면서 여론을 형성해 나가는 공간입니다. 예를 들어, 인터넷 게시판에 많은 사람이 모여 하나의 주제로 이야기하면, 다른 사람들이 그 주제에 대해 어떻게 생각하는지 알 수 있고, 국회의원이나 정부는 국민들의 의견을 확인하고 그에 따라 정책을 만들기도 합니다. 그런데 이러한 공간에 특정 집단을 향한 나쁜 말만 가득하면, 다른 사람들이나 정부는 이것이 여론이라고 믿어 버릴 수 있습니다.

1994년에 독일 나치의 유대인 집단학살 이후 최악의 사태라고 불리는 **르완다 집단학살** 사건이 일어났습니다. 르완다에서 100일 동안 80만 명의 소수민족 투치족이 학살당했습니다. 그전에 라디오에서는 이런 말들이 연일

흘러나왔습니다. "여러분, 사람들이 내게 왜 모든 투치족을 미워하느냐고 물으면 전 이렇게 말합니다. '우리의 역사를 되돌아보시오.' 투치족은 벨기에 식민 지배의 협조자였습니다. 그들은 우리 후투족의 땅을 빼앗고 우리를 채찍질해 댔습니다. 그들은 바퀴벌레이고 살인자들입니다. 깨어 있으십시오. 당신의 이웃을 조심하십시오."

▌ 르완다 집단학살 과정에서 5,000명이 살해당한 응토라마 로마 가톨릭교회. 지금은 응토라마 학살 기념관이 된 이곳에서 투치족 피난민이 학살당했다. 출처: Scott Chacon from Dublin, CA, USA – Ntrama Church Altar

집단학살은 혐오표현이 가장 극단적으로 해악성을 발휘하는 사례이지만, 혐오표현은 개인 간의 범죄 행위에도 영향을 줄 수 있습니다. 혐오범죄는 폭행이나 살인의 동기가 개인적인 관계나 사정에 의한 것이 아니라, 단지 피해자가 여성, 흑인, 동성애자 등 특징 집단에 속힌디는 이유로 일어난 범죄를 의미합니다. 혐오범죄 가해자는 그 집단이 죽어 마땅하거나 맞을 만한 나쁜 사람들이라고 생각하기 때문에 더 잔혹해지거나 죄의식이 없다는 특징을 가집니다. 2016년 한국에서 일어난 서울 강남역 화장실 살인 사건에서 가해자는 화장실에 숨이 있다가 일면식도 없는 한 여성을 살해하였습니다. 범행 동기를 묻는 말에 가해자는 여자들이 자기를 무시했기 때문에 여성이라면 아무나 죽이려고 했다고 답했습니다. 여성이라는 특정 집단에 대한 혐오가 살인으로 이어진 경우입니다.

혐오표현은 차별적인 제도를 만들거나, 차별적인 제도를 없애지 못하게 만들기도 합니다. 차별적인 제도가 국민의 뜻과 여론에 부합한다고 믿는 국회의원이 다수라면, 차별적인 법률이 만들어질 수 있고, 또 차별을 줄이기 위한 법률을 만들지 못하게 되는 경우도 발생할 수 있습니다.

▌ 2016년 서울 강남역 살인 사건은 특정 집단을 향한 혐오가 범죄로 이어진 경우였다.
　출처: 연합뉴스

알아 두기

혐오의 피라미드

집단학살은 어떻게 발생할까요. 그 과정을 설명하는 것이 아래에 나와 있는 혐오의 피라미드입니다. 어떤 집단에 대한 편견은 사회적 차별, 제도적 차별로 이어질 수 있고, 이것이 더 나아가면 그 집단에 대한 폭력이 됩니다. 그리고 마지막 단계가 집단학살입니다. 아래 단계가 반드시 위 단계로 나아가는 것은 아니지만, 위 단계가 있다면 그 아래 단계는 반드시 발생했다는 의미입니다. 즉, 집단학살이 일어났다면, 그 사회에서는 그에 앞서 피해 집단에 대한 편견, 차별적 제도, 혐오범죄 등이 일어났다는 말입니다.

집단학살
(Genocide)
해당 집단 구성원
전체에 대한
의도적·조직적인 말살

편견 기반 폭력 행위
(Bias-motivated violence)
〈개인〉살인, 강간, 폭행, 협박
〈집단〉방화, 테러, 모독, 기물파손

차별 (Discrimination)
경제·정치·고용·주거·교육상의 차별, 분리,
괴롭힘, 사회적 배제

편견에 의한 개인 차원의 행위
(Individual Acts of Prejudice)
욕설, 중상적인 별칭, 조소, 사회적 회유, 비인간화, 괴롭힘

편견 (Bias)
전형화, 비하하는 농담, 몰이해적 발언, 배타적 언어,
같은 생각을 가진 사람들을 찾음으로써 편견을 정당화, 부정적인 정보를 수용하고
긍정적인 정보를 차단

❙ 혐오의 피라미드는 어떤 집단에 대한 편견이 집단학살로 이어지는 과정을 설명하는 도구이다. 출처: Anti-Defamation League

이렇게, 혐오표현은 차별과 폭력에 노출된 사람들을 거기서 빠져나오지 못하게 합니다. 그리고 차별과 폭력의 가해자들로 하여금 오히려 소수자 집단을 차별하는 게 당연하고, 자기가 하는 일이 차별이 아니라 필요한 일이라고 믿게 만듭니다.

차별적인 의식은 차별적인 정책과 제도를 낳고, 차별적인 환경에서 살아가는 사람들은 더 위축되며, 차별받는 상황을 벗어나기 위해 적극적으로 발언하기 힘들어지거나, 더 많은 힘을 들여야 합니다. 그렇게 힘들게 발언하더라도 혐오표현에 의해 묵살되고, 많은 사람이 그 목소리를 무시하는 과정에서 그 사회의 차별과 편견은 점점 더 커지는 차별의 악순환이 발생합니다. 혐오표현은 사회적 차별이 끊임없이 이어지게 만드는 상황의 한 축을 담당합니다.

간추려 보기

- 혐오표현은 특정 집단이 가진 속성 자체가 흉악하고 더럽다거나, 무지하여 교정이 필요하다거나, 정상적인 사람들이나 사회 전체에 악영향을 미친다고 주장한다. 그리고 그런 이유로 이들을 배제하거나 이들의 권리를 부정하는 것이 옳은 일이라는 내용을 담고 있다.

- 혐오표현은 욕설이나 비하하는 표현뿐만 아니라, 차별과 폭력을 선동하는 표현, 사실을 왜곡하거나 거짓 사실을 주장하는 표현, 국가 정책으로 이들을 배제해야 한다는 표현 등의 형태를 취한다.

- 혐오표현은 해당 소수자 집단 구성원들에게 심리적, 신체적 고통을 주며, 스스로 목소리를 내지 못하게 하는 해악성을 가진다. 또, 이들에 대한 기존의 편견과 차별을 정당화하여 다른 사람들을 설득하려고 하기 때문에, 공적 토론장을 왜곡할 위험성이 있다.

- 혐오표현은 궁극적으로 사회적 소수자에 대한 차별과 폭력을 확산시키며, 차별이 악순환되는 고리에서 한 축을 담당한다.

4장 표현의 자유는
혐오표현에도 적용될까요?

표현의 자유란 무엇일까요?

표현의 자유란 자기 생각과 감정을 다른 사람에게 전달할 수 있는 자유를 말합니다. 말이나 글을 통해서 할 수도 있고, 행동을 통해서도 할 수 있지요. 친구와의 대화, 인터넷에 댓글 쓰기, 학교 신문에 기사 쓰기뿐만 아니라, 영화를 만들거나 유튜브에 영상을 찍어서 올리는 일, 거리에서 촛불집회를 하거나 태극기를 들고 행진을 하는 일도 모두 표현입니다. 무인도에서 혼자 살지 않는 이상, 모든 사람은 다른 사람과 관계를 맺으면서 살아가고 그 관계 안에서 자신의 존재를 만들어 나갑니다. 지구상에 나 혼자만 살고 있다면 내 생각을 누구에게 이야기할 필요도 없고, 다른 사람들과의 관계 속에서 나를 발견하는 일도 없겠지요. 그래서 표현의 자유는 사회 구성원으로서 자신을 드러내고, 다른 사람과의 소통을 통해 자기 자아를 만들어 가기 위해 필요한 인권입니다.

그뿐만 아니라 표현의 자유는 민주주의를 유지하기 위한 기본 전제이기도 합니다. 민주주의는 한 사회나 국가의 주인이 모든 시민이라는 이념입니다. 과거에 한 명의 왕이 국가를 통치하던 시대에는 왕이 결정하면 모두가 따라야 했습니다. 그러나 인간으로 태어났다면 그 자체로 존중받은 권리가 있기 때문에, 모든 인간은 자유롭고 평등하다는 생각이 퍼지면서, 절대 권력을 가진 한 명이 아니라 모든 시민이 합의하는 방식으로 시민들의 대표가 국가를 통치하는 시대가 되었습니다. 우리는 지금 이러한 민주주의 시대를 살고 있습니다. 민주주의 사회에서는 누가 시민의 대표가 되어서 한동안 국가를 통치하게 할지 결정하고, 또 어떤 제도나 정책을 만들어서 국가를 통치할지에 대해서도 함께 이야기해야 합니다. 사람들은 각기 서로 다른 생각들을 가지고 있기 때문에, 서로의 생각을 주장하거나 반박하면서 설득하고 합의할 수 있는 부분들을 찾기 위해 토론해야 하지요. 그래서 민주주의 사회에서는 표현의 자유가 반드시 보장되어야 합니다. 서로 이야기하지 않으면 누가어떤 생각을 하고 있고, 어떤 정책이 필요하며, 누구를 대통령이나 국회의원으로 뽑을지 토론할 수 없기 때문입니다.

그러니 내가 원하는 표현을 할 자유는 나의 인권이면서, 동시에 나의 생활에 크게 영향을 미치는 정책이 잘 결정되게끔 하는 데도 중요합니다. 예를 들어, 내 생각을 표현하는 것이 금지된다고 생각해 봅시다. 그럼 나는 오늘 내가 먹고 싶은 점심 메뉴가 무엇인지 말하지 못해서 다른 사람이 결정한음식을 먹어야 할 수도 있고, 내가 물건을 훔쳤다며 억울하게 누명을 쓴 경우에도 아니라고 말하지 못할 것입니다. 또 모든 중고등학교는 밤 12시까지수업하라는 학교정책이 만들어져도, 문제 제기조차 하지 못하고 가만히 따라야 합니다. 그런 정책을 만드는 국회의원이나 대통령은 뽑지 말자고 말할수도 없게 될 거고요.

표현의 자유가 억압되었던 사례들

과거 한국에서는 겉으로는 민주주의 국가라고 이야기했지만, 실제로는 표현의 자유가 크게 억압당했던 시절이 있었습니다. 1970년대 경찰은 자를 들고 다녔습니다. 치마 길이가 짧거나, 남자가 긴 머리를 하고 있으면 단속하여 처벌하기 위해서였습니다. 이른바 "퇴폐풍조를 일소하여 명랑한 사회질서를 확립"한다는 말도 안되는 명분을 위해서였습니다. 사람들이 자신을 표현하는 복장과 외모를 마음대로 할 자유조차 억압된 것입니다. 정부는 비디오, 음반, 영화도 단속하였습니다.

당시 인기를 끈 영화 〈바보들의 행진〉(1975) 삽입곡인 〈왜 불러〉가 금지곡이 되었는데, 영화 속에서 경찰의 두발 단속을 피해 도망가는 장면에 이 곡이 삽입되었기 때문입니다. 경찰의 공무를 방해하려는 노래라고 부르지 못하게 한 것이지요. 슬픈 노래도 금지되었고, 발랄한 노래도 금지되었습니다. 어두운 사회 상황이나 자기 인생을 비탄하는 마음뿐만 아니라 즐거운 감정까지 모두 열심히 일해서 국가를 발전시키는 데 방해가 된다고 생각했기 때문입니다. 당시는 **유신 헌법** 시대로 국민들은 자기 손으로 대통령을 뽑지 못했습니다. 대통령과 정부 정책을 향한 비판도 금지되었고, 정부가 허가하지 않으면 거리에서 집회하는 것도 금지되었습니다. 신문과 방송 같은 언론 기관도 마찬가지였습니다. 1980년대 정부는 언론 기관에 어떠한 내용을 알리거나 알리지 말라고 제한하는 보도지침을 내렸습니다. 정부 정책을 비판하는 기사를 쓰기도 힘들었습니다.

이렇게 표현의 자유를 억압하는 정책들은 1987년 6월 민주화 항쟁을 거치며 시민들이 대통령을 직접 뽑을 수 있게 되자 히나둘씩 사라져 가기 시작합니다. 오늘날에는 이러한 모습들을 거의 찾아볼 수 없지요. 하지만 여전히 표현의 자유를 지나치게 제한하는 법이 많다는 지적들이 있습니다. 이를테면 현재 **국가보안법**에는 찬양고무죄 조항이 있습니다. 북한을 찬양하는 표현을 처벌하는 내용입니다. 과거에 비해 요즘은 찬양고무죄를 적용하여 처벌하는 사례가 줄어들고 있지만, 과도하게 표현을 제한하는 것이 아니냐는 비판이 있습니다.

표현의 자유를 지나치게 억압한다는 지적을 받는 또 다른 예로는 모욕죄가 있습니다. 다른 사람을 모욕하는 표현을 하면 처벌을 받습니다. 인터넷에서 상대방에게 욕설을 하면 이것도 모욕죄에 해당합니다. 이러한 표현을 처벌하는 것이 왜 문제라는 지적을 받는 걸까요? 다른 사람을 향한 욕설은 사람의 기분을 상하게 하니까 나쁜 표현이라고 할 수도 있겠지만, 문제

▌ 1987년 6월 민주화 항쟁 이후 표현의 자유를 억압하던 정책들이 점차 사라지기 시작했다.
출처: 서울특별시

군사정권과 표현의 자유

1963년부터 1987년까지 한국은 쿠데타를 일으킨 군인 출신 대통령이 정권을 잡았습니다. 민주주의 국가에서 정부에 대한 국민의 감시는 필수적인 조건이며, 정부가 하는 일이 무엇인지 알고 문제점을 지적할 수 있는 표현의 자유가 중요시됩니다. 그러나 당시에는 국민의 발언을 제한하는 법이 많았습니다.

가장 극단적인 시기가 1970년대 소위 유신 헌법 시대였습니다. 이때 박정희 대통령은 '긴급조치'라는 법을 만들어서 정부를 비판하는 모든 말을 금지하려고 했습니다. 구체적으로는 이 긴급조치를 비방하거나, 이 긴급조치의 근거가 되는 헌법을 개정해야 한다는 의견을 내는 것도 금지되었고, 원칙적으로 학생들의 모든 집회·시위가 금지되었습니다. 그리고 이러한 내용을 담은 방송이나 책 등 모든 표현물이 금지되었습니다. 만약 어길 경우는 영장 없이 체포할 수 있었고, 학생은 제적, 학교는 휴교, 언론사는 폐간하는 것도 가능하였습니다.

1980년 전두환 대통령 시기에는 '보도지침'이라는 것이 있었습니다. 정부에서 언론사에 매일 지침을 내려서 어떤 내용은 어떻게 보도하고 어떤 것은 보도하지 말라고 지시한 것입니다. 국민의 감시가 이루어지지 못하게 아예 정보를 차단해 버린 것이지요. 이를 어기는 기자나 언론사는 일을 그만두어야 했습니다.

이 외에도 다양한 표현들이 금지되었는데, 주로 국가나 국가를 운영하는 정치인에 대한 비판이나 국가안보를 위협한다고 여겨지는 표현을 제한하는 법률이 많았습니다. 1987년부터 국민이 직접 대통령을 선출하고, 1993년에 군인 출신이 아닌 대통령이 뽑히면서 표현을 금지하는 법들이 조금씩 사라지고 있습니다.

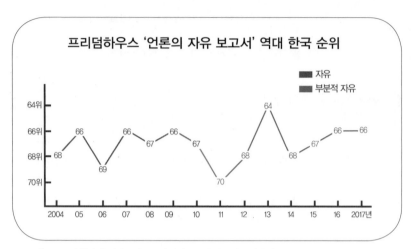

프리덤하우스 '언론의 자유 보고서' 역대 한국 순위

▮ 1941년 창립된 비정부기구 프리덤하우스가 평가하는 언론의 자유 세계 순위에서 한국은
2017년 기준 '부분적 언론자유국'으로 평가되고 있습니다.

는 그 정도를 구분하기도 쉽지 않은데 강제로 벌금을 물리거나 교도소에 갈
수 있게 하는 국가의 강력한 형벌권을 허용하기 때문입니다. "뚱뚱해서 돼지
같은 것, 자기 몸도 이기지 못한 것이 무슨 남을 돌보는가"라는 말은 처벌되
고, "지 아비가 양아치니까 아들도 양아치 노릇을 한다. ㅇㅇㅇ 새끼는 내가
경찰서에 처넣을 거야."라는 말은 처벌받지 않은 사례가 있습니다. 이렇게
구분하기 어려운 표현들을 국가가 자의적으로 판단해서 어떤 사람은 처벌
하고 어떤 사람은 처벌하지 않을 수도 있습니다. 이런 일이 계속되면, 결국
사람들은 마음대로 표현하기보다는 일단 말을 하지 않으려고 할 수 있고,
이것은 전체적으로 사람들이 자유롭게 표현할 권리를 제한하게 됩니다.

무엇이 다를까? 표현의 자유 vs 차별로부터의 자유

그렇다면 혐오표현을 할 자유도 표현의 자유에 해당하지 않을까요. 네,

모든 사람에게는 어떠한 표현이든 할 수 있는 자유가 있습니다. 그런데 왜 혐오표현은 규제해야 한다고 이야기할까요. 외국의 많은 나라가 일반적인 모욕죄는 만들지 않으면서, 혐오표현을 처벌하는 법은 만드는 이유가 무엇일까요.

혐오표현은 사회적 차별을 겪고 있는 사람들을 사회에서 배제해야 한다는 생각을 담고 있습니다. 사회에서 배제한다는 말의 의미에는, 외국인 노동자를 한국에서 추방해야 한다는 말과 같이 아예 국가 밖으로 내쫓겠다는 내용도 있고, 자신을 성 소수자라고 드러내지 말라거나 장애인은 밖에 돌아다니지 말라는 식으로 사회적 소수자들에게 숨죽이고 살라는 내용도 있습니다. 또 여자가 옷을 얌전히 입지 않으니까 성폭행을 당한다는 식으로 가해자와 사회가 문제인 것을 마치 피해자가 잘못인 것처럼 돌리면서, 이들을 위축시키는 경우도 있습니다. 이러한 말들은 그 사람을 이 사회의 평등한 구성원이라고 여기지 않는다는 점에서, 사회로부터 배제합니다. 자기 모습을 있는 그대로 자연스럽게 드러내지 못하게끔 말로 공격하는 것이지요.

표현의 자유는 모든 사람이 동등한 가치와 존엄을 가지는 민주주의 사회가 온전히 작동하기 위해 필수적입니다. 그런데 애초부터 어떤 사람들을 이 사회에 끼워주지 않겠다고 하거나 끼워주기는 하겠는데 말은 하지 말라는 분위기를 만든다면, 그 사회는 누구나 평등하게 말할 수 있는 자유가 보장되는 사회일까요? 혐오표현은 이처럼 소수자를 평등한 존재로 보지 않고 그들의 입을 막는 공격입니다. 모든 표현의 자유는 보장되어야 하지만 이때 표현의 자유란 다른 사람도 같은 사회 구성원으로 존중하면서 동등한 위치에서 소통하는 것을 전제로 하는 표현의 자유를 의미합니다.

이에 비해서, 일반적인 모욕표현은 처벌하지 않거나 약하게 처벌하고, 국가나 정부를 향해 극단적인 욕을 하는 경우에도 처벌하지 않아야 하는 이유는 무엇일까요. 일반적인 모욕표현은 쉽게 생각하면 어떤 한 사람에게 욕설을 퍼붓는 행위입니다. 모욕을 당한 사람이 모멸감을 느끼거나 괴로움을 호소하기 때문에 처벌하는 나라도 있지만, 그래도 혐오표현보다는 약하게 처벌합니다. 왜냐하면 혐오표현은 그 한 사람이 아니라 그 집단에 속하는 모든 사람에게 타격을 주고, 한 번으로 끝나는 게 아니라 지금까지의 차별 경험으로 인한 고통을 더 가중하기 때문입니다. 또, 국가나 정부를 향한 공격적인 말 때문에 사람이 직접적으로 다치지는 않습니다. 국가나 정부는 법을 통해 모든 시민의 자유를 제약할 수 있고, 경찰력과 군대와 같은 강력한 힘을 가지고 있기 때문에, 시민들이 그러한 권력에 대항하고 문제를 지적할 기회가 많이 마련되어야 합니다. 이런 점에서 국가나 정부를 향한 비판은 다소 과격하더라도 오히려 민주주의의 기능상 필요한 것입니다.

민주주의와 혐오표현

혐오표현을 통해 표적집단을 향한 혐오를 선동하거나 그들을 차별하도록 부추기는 행위는 민주주의의 근본 가치와도 배치될 수 있습니다. 민주주의 사회에서 모든 시민은 평등하다고 간주됩니다. 그런데 혐오표현은 인종, 종교, 성별, 성적 지향 등을 이유로 일부 시민들에게 열등하다는 낙인을 찍기 때문에, 모든 시민은 동등한 위치에 있으며 모두 평등하게 존중받아야 한다는 민주주의의 근본적인 가치들과 충돌합니다. 혐오표현은 대상이 된 표적집단의 권리와 평등을 위협하고, 더 나아가 그것을 정당화하고 확산시킨다는 점에서 민주주의 그 자체에 위협적이라고 할 수 있습니다.

간추려 보기

- 표현의 자유는 자유롭게 자기 생각과 감정을 다른 사람에게 전달할 수 있는 자유로서, 기본적으로 보장되어야 하는 인권 중 하나이다. 모든 사람이 동등한 위치에서 공동체를 이끌어나가야 하는 민주주의 사회에서 표현의 자유는 필수적인 요소이다.
- 과거 한국에는 특히 국가에 대한 부정적인 표현을 금지하는 법이 많았으며, 표현의 자유가 억압받던 시기가 있었다.
- 혐오표현도 표현의 하나이지만, 표현의 자유와 민주주의의 전제가 되는 모든 사람의 평등한 지위를 부정하고, 일부 집단을 공동체로부터 배제하려는 내용을 담고 있다. 따라서 혐오표현은 표현의 자유와 민주주의를 위협한다.

5장 혐오표현을 막기 위한 다양한 방법들

혐오표현 금지법과 한계

유럽 여러 나라에는 혐오표현을 하는 사람을 처벌하는 법들이 있습니다. 처벌로는 주로 벌금형이 주어집니다. 한편, 혐오표현을 처벌해도 혐오표현은 없애지 못한다는 의견도 있습니다. 혐오표현을 하는 사람은 자기가 하는 혐오표현이 정당한 표현이라고 믿는 확신범이기에, 처벌을 받아도 자기가 잘못을 저질렀다고 생각하지 않을 수 있기 때문입니다. 오히려 폭력과 같이 더 과격한 행위로 자기 뜻을 관철하려 할 수도 있고, 사람들에게 말하지 않고 공개적으로 드러나지 않는 방식으로 차별적인 행위를 계속할 수도 있습니다. 혐오표현은 사회 전체가 가진 편견들로부터 나오기 때문에, 혐오표현을 법으로 금지하면 혐오표현에 담긴 차별 의식이 심각하다는 사회적 공감대를 만들어 나갈 기회가 없어질 수도 있습니다.

미국은 표현의 자유를 특별히 중요하게 여기기 때문에 혐오표현을 처벌하지 않는 대표적인 나라입니다. 그리고 미국은 1960년대 흑인차별철폐운동 과정에서 흑인차별에 반대한다는 표현을 적극적으로 함으로써 흑인차별제도를 없앴던 경험도 있습니다. 혐오표현이 있다면 그것을 못 하게 법으로 막는 게 아니라, 시민들이 다 함께 그 말이 잘못된 표현이라고 더 많이 말해서

프랑스 언론법	• '민족·국가·인종 종교', '성·성적 지향·성 정체성·장애'를 이유로 개인 또는 집단에 대해 명예를 훼손하는 행위 및 모욕하는 행위 • '민족·국가·인종·종교에 속하는지 유무'를 이유로 개인 또는 집단에 대해 차별, 적대감, 폭력을 선동하거나, '성·성적 지향·성 정체성·장애'를 이유로 적대감 및 폭력을 선동하는 행위
영국 공공질서법	• '인종적 적대감을 고무하기 위한 의도를 가지거나' 혹은 '모든 상황상 인종적 적대감이 유발될 것 같은 경우'로써 위협적, 매도적, 모욕적인 말, 행동, 글을 공개 하는 경우 • 종교와 성적 지향을 이유로 한 위협적인 말 또는 행동을 하거나 그러한 글을 공개하는 경우
독일 형법	• 국적·인종·종교·민족에 의해 규정된 집단 또는 개인에 대해 증오·폭력·자의적 조치를 선동하거나, 모욕·악의적 경멸·중상함으로써 인간의 존엄을 침해하는 경우
캐나다 형법	• '피부색·인종·종교·민족·성적 지향'에 의해 특정되는 집단에 대해 그들의 집단살해를 옹호·조장하는 행위 • '피부색·인종·종교·민족·성적 지향'에 의해 특정되는 집단에 대해 치안 상 우려가 있는 공공장소에서의 적대감 선동 행위 혹은 고의의 적대감 선동 행위(예외규정 있음)

문제를 해결할 수 있다고 생각하는 것이지요. 반면에 유럽의 국가들은 유대인 집단학살을 마주하면서 그렇게 낙관적인 대응으로는 부족하다고 생각해 혐오표현을 처벌하는 법을 만들었습니다.

한국은 혐오표현을 직접적으로 처벌하는 법은 없지만, 그런 법을 만들어야 하는가에 대해서 논의하는 중입니다. 혐오표현을 법으로 처벌하면, 잠깐

장애인차별금지법

법으로 금지되는 행위라고 꼭 처벌받는 것은 아닙니다. 법으로 금지되는 행위를 한 사람에게 앞으로 하지 말라고 주의를 주거나, 자기 행동의 무엇이 문제인지 생각할 수 있도록 강의를 들으라는 권고를 할 수도 있습니다. 혹은 특별히 어떤 조치를 하지는 않지만, 일단 어떤 행위를 하지 말라는 내용을 법에 담는 방법도 있습니다. 이런 법은 강한 처벌을 가하지는 않지만, 그래도 자신을 돌이켜 볼 수 있는 기회를 줍니다.

혐오표현과 관련해서, 한정적이지만 한국에도 이러한 법이 있답니다. 장애인차별금지법에서는 장애인이라고 모욕감을 주거나 비하를 유발하는 언어적 표현이나 행동을 하여서는 안 된다고 규정하고 있습니다. 또한, 서울시 학생인권 조례는 서울 지역의 학교 선생님이나 학생이 '성별, 종교, 나이, 사회적 신분, 출신지역, 출신국가, 출신민족, 언어, 장애, 용모 등 신체조건, 임신 또는 출산, 가족형태 또는 가족상황, 인종, 경제적 지위, 피부색, 사상 또는 정치적 의견, 성적 지향, 성별 정체성, 병력, 징계, 성적 등을 이유로' 차별적 언사나 행동, 혐오적 표현을 하면 안 된다고 규정하고 있습니다.

(장애인차별금지법 제32조 제3항, 서울특별시 학생인권 조례 제5조 제3항)

은 그 표현이 없어질 수 있습니다. 하지만 사람들의 생각 자체가 바뀌지 않는 한, 언제든 다시 나타날 수 있다는 한계가 있지요. 한편으로는 국가에서 이런 표현은 하지 말아야 한다고 공식적으로 선언하는 효과도 있기 때문에, 혐오표현의 문제점을 사람들에게 인식시키기 좋은 방법일 수도 있습니다.

특히 한국의 경우 앞서 보았던 것 같이, 과거에 국가가 말을 못하도록 막는 법을 많이 만들었기 때문에 또 자유로운 표현을 막는 법이 생기는 건가 싶어서 사람들의 반발도 생길 수 있습니다. 이런 한국의 상황들도 생각하면서 법을 만들어야 할지 말아야 할지 고민해야 합니다.

다만 분명한 것은 법을 만들든 만들지 않든, 혐오표현으로 인한 피해와 소수자에게 차별적인 제도 및 의식을 없애기 위한 국가의 정책과 시민의 노력이 필요하다는 점입니다. 이런 목표가 꼭 법을 통한 처벌로만 이루어지는 건 아닙니다. 그럼 법으로 혐오표현을 금지하는 것 외에 또 어떤 방법이 있을지 다음 단락에서 살펴보도록 합시다.

혐오표현을 줄일 수 있는 다양한 방법들

인권 교육과 캠페인

혐오표현이 담고 있는 내용이 정당한 주장이 아니라, 편견과 차별 의식에서 나온 것이라는 점을 이해하고 알릴 필요가 있습니다. 이를 위해 다양한 인권 교육과 캠페인이 필요합니다. 반복되는 차별의 굴레와 세대 간의 대물림을 끊기 위해 시민과 정부가 모두 노력해야 합니다.

특히 기초교육으로서 아동과 청소년 및 공무원에 대한 교육이 중요합니다. 사회적 소수자 집단에 대한 차별 의식은 하루 이틀 만에 만들어진 게 아닙니다. 사회적, 제도적 차별이 존재할 정도로 편견이 오랫동안 쌓여서 만들어진 것입니다. 그런 만큼 기성세대의 생각이 한 번에 변화하기는 힘듭니다. 그래서 아직 사회적 편견을 많이 학습하지 않은 아동과 청소년에 대한 교육을 통해 다음 세대로 차별 의식이 전승되지 못하도록 해야 합니다. 또, 공무원, 판사, 국회의원과 같은 공직자에 대한 교육도 중요합니다. 이들이 국가

정책과 제도를 만들고 운영하기 때문에, 이들에게 현재 어떠한 제도를 개선해야 하는지 이해시킬 필요가 있습니다. 또한 공무원이 혐오표현을 할 때 혐오표현의 해악성과 파급력이 강해지기 때문에 공직자 교육이 중요합니다.

이때의 인권 교육은 단순히 사회적 소수자 집단에 대한 차별이 좋지 않다거나 차별을 예방하자는 내용 또는 동정적인 시선을 담아선 안 됩니다. 사회적 소수자 집단은 특별하거나 이상한 사람이 아니라 내 이웃에 사는 주민이고 친구 중에 있는데도, 다수의 사람은 이들이 사회에서 어떠한 경험을 하는지 듣지 못하고 있기 때문에, 이들의 경험을 공유하는 교육이 되어야 합니다.

▌ 세계 각국의 사회적 소수자 혐오에 반대하는 캠페인들.

대항언론과 역량 강화

혐오표현을 하는 사람들에게 그들의 생각이 편견에서 나온다는 것을 깨닫게 해주기 위해 혐오표현에 대항하는 표현들이 많아져야 합니다. 왜곡된 사실을 바로잡고, 그들의 발언이 어떻게 다른 사람들을 다치게 하는지 알리고, 그것을 많은 사람이 더는 지켜보지 않을 것임을 확실히 해야 합니다. 이것이 바로 **대항언론**입니다.

캐서린 겔버라는 학자는 대항언론을 만드는 방법을 이야기하면서, 공적 토론장에 참여하지 못하는 사람들이 있는지 살피고, 혐오표현의 대상이 되는 사회적 소수자들이 참여할 수 있게 참여적인 용어를 사용하며, 사회적 소수자들의 인권을 지지하는 표현을 많이 하라고 강조하였습니다. 예를 들어, 여성에게 "남자친구 있나요?"라고 묻기보다 "애인 있나요?"라고 묻는다면, 이성애자가 아닌 친구들이 조금 더 쉽게 자신을 드러낼 수 있을 것입니다. 국가인권위원회에서 살색 대신 살구색을 쓰자고 한 캠페인은 황인종과 다른 피부색을 가진 사람들에 대한 편견을 걷어내고, 다양한 피부색을 가진 사람들이 존중받는 분위기를 만들 수 있습니다.

동시에 사회적 소수자들이 공포감과 불안감 없이 자유롭게 자기 경험을 공유하고 자신을 드러낼 공간과 기회를 만드는 정책도 필요합니다. 이를 통해서 사회적 소수자들은 공적 토론장에 참여할 수 있는 역량을 키울 수 있을 것입니다. 이를테면 도서관이나 주민 지원 센터 같은 공공기관 소유의 건물 공간을 대여하는 등 장소를 제공하거나, 이를 위한 물질적, 금전적인 지원을 하는 것도 한 방법이지요.

차별적 제도를 없애고 차별을 철폐하기 위한 조치

사회적 소수자를 향한 혐오표현의 밑에 깔린 차별이 제도로 만들어져 있거나, 이들이 놓인 불평등한 환경을 개선하기 위한 제도가 없다면, 정부는 이를 해결하기 위한 정책을 개발하고 시행해야 합니다. 또 시민들은 선거를 통해 그러한 정부가 구성될 수 있도록 더 많은 관심을 가져야 합니다.

먼저 차별적인 제도가 있다면 그 제도를 철폐해야 하고, 불평등한 사회를 변화시키기 위한 적극적인 법도 만들어야 합니다. 이를테면 고용, 주거, 공공 서비스 등 사회 각 분야에서 사회적 소수자들이 접하는 차별을 방지하고 조정하는 제도를 만드는 것이지요. 한국이 유엔으로부터 지속적으로 제정하라는 권고를 받는 차별금지법도 이러한 예 중 하나입니다. 최상위법인 헌법은 합리적 이유 없는 차별을 금지하는 한편, 불평등한 지위에 있는 집단이 차별받지 않도록 보호하라고 말하고 있습니다. 이러한 평등권과 차별 철폐의 내용을 어떤 방식으로 실천할지 구체적으로 규정하는 법이 차별금지법입니다.

또, 사회적 소수자가 국회를 비롯한 공공기관이나 사기업에 더 많이 진출할 수 있는 길을 열어 준다면, 이들이 사회에 참여하고 목소리를 낼 기회가 늘어날 것입니다. 이를 위해 **소수자 할당제**를 도입하는 방법도 있습니다.

자율규제

학교, 회사와 같은 사람들의 모임에서 자발적으로 규칙을 정하고 함께 실천해나가는 방법을 자율규제라고 합니다. 혐오표현을 하는 사람들은 스스로 편견 속에 갇혀 있기 때문에, 단순히 말을 못 하게 해서 그들의 생각을 바꾸기란 쉽지 않습니다. 또한 많은 사람이 가진 편견들 역시 그렇기요. 그래서 자신이 속해 있는 학교나 회사에서 자율적으로 약속하는 방법은 저항도 적고 자신을 생각해 볼 기회도 마련해 준다는 점에서, 법적 규제가 가진 한계를 보완할 수 있습니다.

예를 들어, 미국 교육부는 학교에서 소수인종이나 소수종교를 가진 학생들에 대한 차별과 괴롭힘을 예방하도록 학생들의 인종적 다양성을 소중히 여기고, 서로의 문화적 차이를 이해할 기회를 만들라는 내용 등을 담아 모든 학교에 전달하였습니다. 또, 미국의 여러 대학도 혐오표현을 예방하기 위한 학칙을 두고 있습니다. 이 학칙은 '성별 또는 성별 정체성, 인종 또는 민족, 장애, 종교, 성적 지향, 국적, 나이, 사회적 또는 경제적 계층'을 이유로 개인이나 집단에 불리하고 부당한 행위를 하지 못하도록 하고, 이런 행위가 발견되면 그런 표현이나 행위를 한 사람에게 교육 등의 조치를 취할 수 있도록 규정하고 있습니다.

1926년에 창설된 세계 최초이자 최대의 언론인 기구로, 100여 개국에 25만 명의 회원을 가진 국제기자연맹은 '브뤼셀 선언: 미디어를 통한 혐오·폭력 선동'을 통해 증오와 폭력을 선동할 목적으로 언론을 이용하려는 시도에 반대하고, 편견과 편견 확대를 피하기 위한 기자들의 대응을 요청하고 있습니다. 이외에도 공공기관, 회사 등 각 영역에서 차별과 편견의 확대와 혐오표현을 막기 위해 다양한 방식으로 여러 조치를 마련하고 운영하고 있습니다.

간추려 보기

- 나라마다 역사적 경험에 따라서, 혐오표현을 막기 위해 혐오표현을 처벌하는 법을 만들기도 하고 만들지 않기도 한다.
- 혐오표현을 처벌하는 법 외에도 인권 교육과 캠페인, 대항언론 활성화와 사회적 소수자의 역량 강화, 자율규제 등의 방법을 통해, 혐오표현으로 인한 피해와 차별적인 제도 및 의식을 없애기 위한 노력이 이루어져야 한다.

 standuptoracism.org.uk  @AntiRacismDay

'Stand Up To Racism' info@standuptoracism.org.uk

내가 가진 편견 찾아보기

우리는 어릴 때 부모나 가족, 학교, 혹은 인터넷과 TV로부터 이 사회의 문화와 상식을 습득해 나갑니다. 그런데 그중에는 어떤 집단의 사람들을 뭉뚱그려서 안 좋게 보는 편견도 포함되어 있을지 모릅니다. 이를테면 주변 친구들 중에서 그 친구를 잘 알지 못하면서도 그 친구의 출신 지역이나 국가, 성별, 외모를 보고 섣불리 단정했을 수도 있습니다. 아니면 그 친구를 어떤 집단에 속한다고 단정하거나, 그 집단이 안 좋은 집단이라는 느낌을 갖거나 그것을 말로 표현했을 수도 있습니다. 그런 경험들이 있다면 스스로 고민해 보고 친구들과 이야기하면서, 비판적으로 편견을 발견해 봅시다.

하나의 방법은 입장을 바꾸어서 내가 그 위치에 있다면 나는 어떤 기분이 들까 생각해 보는 것입니다. 이렇게 내가 가진 편견이나 차별 의식은 없는지 스스로 생각해 보는 것은 매우 중요합니다. 혐오표현을 하지 않기 위해서, 그리고 혐오표현에 대항하기 위해서는 먼저 그 밑에 깔린 편견부터 찾아내야 하니까요.

사회의 차별 의식과 차별적 제도 찾아보기

누군가가 단지 어떤 집단에 속한다는 이유만으로 차별받는 경우를 찾아봅시다. 여기서 말하는 차별은 합리적인 이유가 없는 차별입니다. 예를 들어 공연을 보는데 키가 작은 사람을 앞에 서게 한다면, 합리적인 이유가 있는 차별입니다. 키 작은 사람이 키 큰 사람 뒤에 서면 키 작은 사람은 공연을 보지 못하기 때문입니다. 하지만 외국인이 눈에 거슬린다고 맨 뒤에 앉으라고 하면 합리적인 이유가 없는 차별입니다.

또 우리 사회에 있는 차별적 제도도 찾아봅시다. 차별적 제도란 누군가를 처벌하는 직접적인 방식으로만 작동하지 않습니다. 누군가 적절한 지원 없

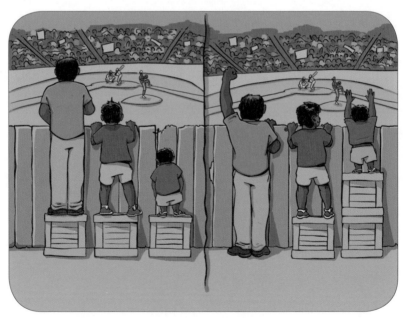

▌ 차별받고 있는 사람에게 적절한 지원이 주어지지 않는다면 겉으로는 평등해 보이지만 차별적인 제도가 존재한다고 할 수 있다.

이는 다른 사람들과 같은 권리를 누리지 못하는 상황에 있다면, 차별적 제도가 존재한다고 할 수 있습니다. 예를 들어 2000년대 전까지는 아빠가 한국인이고 엄마가 외국인이면 아이도 한국 국적을 가질 수 있었지만, 엄마가 한국인이고 아빠가 외국인인 경우에는 한국 국적을 가질 수 없었습니다. 여자보다 남자의 혈통이 더 중요하다고 생각한 사람들의 차별 의식이 만들어 낸 제도였지요. 휠체어를 반드시 사용해야 하는 장애를 가진 사람들도 2000년 이전에는 집에서 멀리 나가기 힘들었습니다. 버스도 지하철도 모두 계단이었기 때문이죠. 지금은 대부분의 지하철에 엘리베이터가 있지만 휠체어를 타고 탑승할 수 있는 버스의 보급률은 아직 25퍼센트 정도에 머물러 있습니다. 장애를 가졌다는 이유로 장애를 가지지 않은 사람에 비해 이동할 수 있는 자유가 제한되고 있는 것입니다.

인간의 다양성을 이해하기

한 명의 사람을 하나의 특징으로 규정할 수 있을까요? 나를 나라고 말할 수 있게 만드는 요소에는 어떤 것들이 있을까요. 머리카락과 눈동자 색, 피부색, 성별, 종교, 태어난 곳과 자란 곳, 성적 매력을 느끼는 성별, 몸의 형태 등 여러 가지 요소가 있습니다. 대부분의 경우 나의 어떠한 부분은 소수자의 것이고, 또 다른 부분은 다수자의 것입니다. 한국 국적의 검은 머리와 검은 눈동자를 가진 이성애자 남성이면 소수자가 아닐 것 같나요? 유럽이나 미국 등 서구 사회에 가면 아시아인은 소수인종이 되어, 쉽게 차별에 노출될 수 있지요. 한 사람이 소수자로서 중첩되는 특징을 여럿 가지고 있을 수도 있습니다. 다큐멘터리 영화 〈un/going home〉에 나오는 혜진 씨는 네덜란드 국적을 가지고 있는 한국 출신 입양아이고, 검은 머리 검은 눈의 아시아인이며, 트랜스젠더이고, 레즈비언이자, 성 노동자입니다. 이렇게 여러 가지 지점에서 소수자인 경우도 있습니다.

또, 사람을 어느 한 집단에만 속한다고 칼로 자르듯이 딱 자를 수 있을까요? 인종, 피부색, 장애, 성별로 사람을 정확히 구분할 수 있을까요? 이를테면 한국 정부가 파악하는 한국 장애 인구는 약 5퍼센트이지만, 유엔은 전 세계 장애 인구를 약 15퍼센트로 보고 있습니다. 장애를 어떻게 정의하냐에 따라 달라지는 것이지요. 할머니만 흑인이고 할아버지와 아버지는 백인이면 이 친구를 하나의 인종으로 딱 잘라 말할 수 있을까요. 또, 1~2퍼센트의 사람은 여성과 남성의 생물학적 특징을 함께 가지고 태어납니다. 이렇게 장애, 인종, 성별 등 사람의 특성을 나타내는 여러 요소는 수학같이 정확히 나눌 수 있는 개념이 아닙니다. 스펙트럼과 같이 분포되어 있죠.

▌ 사람의 특성은 정확히 나누어지지 않는 스펙트럼처럼 분포되어 있다.

소수자 친화적 환경과 경험 쌓기

우리는 소수자의 삶을 잘 모르기 때문에 그들에 대한 편견을 가집니다. 소수자의 경험은 사회에서 잘 드러나지 않아서, 많은 사람이 그들의 삶을 이해하지 못하는 경우가 종종 발생합니다.

예를 들어봅시다. A라는 친구는 아침에 일어나서 지하철을 타고 학교에 갔습니다. 학교에서 평소처럼 수업을 듣고 하교하였습니다. 친구들이 카페에 놀러 가자고 했지만 오늘은 사귀는 아이와 백일이라서 안 된다고 하고 나왔습니다. 백일을 기념해서 사귀는 아이와 같이 손잡고 공원을 걸으면서 즐거운 시간을 보내고 집에 왔습니다. 집에 돌아오니 엄마가 간식을 챙겨주고, 아빠는 세탁기를 돌리고 있네요. 평소와 다름없는 즐거운 하루였습니다.

여자인 K는 지하철을 탈 때마다 불안합니다. 얼마 전에 또 지하철에서 성희롱과 불법 촬영 사건이 발생했다는 뉴스를 들었거든요. 그래서 오늘도 지하철 벽 쪽으로 서서 등교했습니다. 엄마가 중동 국가 출신인 J는 학교에 가기가 무섭습니다. 피부색 때문에 놀리는 친구도 있고, 선생님은 농담 투로 너희 나라는 다 이슬람교도들이라 다니기 위험한데 한국에 사는 게 편한 거라고 말하기 때문입니다. 늘 휠체어를 타고 이동해야 하는 H는 친구들이 카페를 가자고 할 때마다 바쁘다고 말합니다. 학교 주변 카페들은 다 턱이 있어서 마을버스를 타고 역 주변에 있는 카페로 가야 하는데, 휠체어로 버스를 타는 데 시간이 오래 걸려서 버스 안의 사람들이 눈총을 주거든요. 동성애자인 S는 데이트하기가 불안합니다. 얼마 전에 종로 거리에서 누군가 동성애자인 거 같다는 이유로 폭행당한 사건을 들었거든요. 데이트할 때 손을 잡지 않고 걸어야 할 것 같습니다. 아빠하고 단 둘이 살고 있는 한부모가정인 Y

는 집에 오면 밤까지 늘 혼자입니다. 하지만 친구들은 이 사실을 모릅니다. 한번 이야기했다가 엄마 없는 아이라고 친구들이 놀렸거든요.

이러한 친구들의 오늘 하루는 편안한 하루였을까요?

우리는 늘 소수자나 다수자 중 한쪽에 속한 채로 살아가지 않습니다. 여성이지만 비장애인이라면 장애인의 삶을 잘 모를 수 있고, 동성애자이지만 남성이라면 여성의 삶을 잘 모를 수 있으며, 장애인이지만 한국 출신 아시아인이라면 한국에서 다른 피부색을 가진 사람의 삶을 잘 모를 수 있습니다. 또 이성애자, 비장애인, 한국 출신 남성 등 한국 사회에서 특별히 소수자로서의 경험을 하지 않았던 사람이라 하더라도, 유럽이나 미국에 가면 아시아인이라서 겪는 편견을 경험합니다. 그러니 나와 다른 사람을 대할 때 역지사지해 보는 것은 어떨까요.

그래서 누구든 자기가 겪지 않더라도 다른 친구가 어떤 편견이나 고통을 겪고 있는지 관심을 기울일 필요가 있습니다. 가장 좋은 방법의 하나는 다양한 친구들을 사귀거나, 그 친구들이 말하지 못했던 경험을 편안하게 말할 수 있는 태도를 가지는 것입니다. 조금 더 적극적으로는 이러한 경험을 공유할 수 있는 소수자 인권 단체의 행사에 참여하거나, 관련된 책이나 영화를 보면서 간접 경험을 하는 것도 좋은 방법입니다.

왜곡된 정보 가려내기

2018년 내전이 일어난 예멘을 탈출한 500여 명의 예멘인들이 제주도로 피난 와서 난민 신청을 하였습니다. 난민은 전쟁, 재난, 정치적 박해 등으로 자기 나라를 탈출한 사람들입니다. 한국 사람들도 1950년대 한국 전쟁 당시

해외로 피난하였고, 1950년 전후 7년여간 제주도 주민들을 '빨갱이'로 몰아 학살한 4·3 사건 때 가까운 일본으로 밀항한 난민들도 있었습니다. 국제인 권조약은 난민을 보호하고 수용하도록 요청하고 있고, 한국은 아시아 최초로 난민법을 만들었습니다. 그런데 예멘 난민들이 입국해서 난민 신청을 하고 기다리는 사이, 한국에서는 "제주 난민에게 우리나라가 138만 원씩 지원한다.", "인터뷰한 난민이 '한국 형편없어, 돌아가고 싶다'고 했다."는 글들이 인터넷에 올라왔습니다. 실제로 한국 정부가 경제적 지원을 한 적은 없었고, 인터뷰한 난민은 "예멘에 평화가 되돌아오면 예멘으로 돌아가고 싶다." 고 말한 것으로 밝혀졌습니다. 인터넷에 올라온 글들은 사실을 허위로 바꾼 글들이었습니다. 그러나 사람들은 이러한 글들을 보고서 난민을 비하하고 '가짜 난민'이라고 욕했습니다. 예멘은 이슬람교를 믿는 사람이 많고 한국과

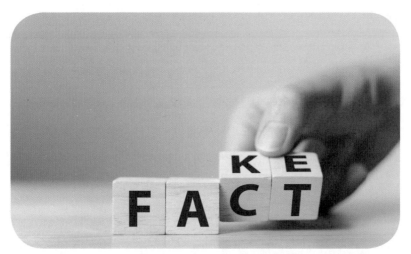

▌ 인터넷이나 뉴스를 접할 때는 사회적 소수자를 향한 혐오나 편견을 부추기려는 목적으로 가 공된 정보는 아닌지 경계해야 한다.

교류도 많지 않은 나라여서, 한국 사람들에게 예멘 사람들은 친숙하지 않습니다. 그래서 한국 사람들이 가진 외국인과 이슬람교에 대한 막연한 편견들이 거짓 정보로 인해 더 부추겨진 것입니다.

또, 정신 장애인 중 조현병을 가진 사람들이 범죄를 일으킨다는 글도 자주 발견됩니다. 그런데 사실 조현병 환자가 저지른 강력범죄는 2017년에 발생한 전체 범죄의 0.016퍼센트 수준에 불과합니다. 조현병은 약을 먹고 치료하면 일상생활이 가능한 병이지만, 환자들은 제때 치료를 받지 못해서 병이 악화되는 의료 사각지대에 있기도 합니다. 하지만 사람들은 생소한 병을 가진 이들이 위험하다는 편견을 가진 채로 뉴스나 인터넷을 통해 편견을 강화하여, 이들을 격리해야 한다고 생각하기도 합니다. 동성애가 에이즈를 확산시킨다는 내용도 곧잘 보입니다. 실제로는 이성애자에 의한 에이즈 확산이 더 큰 비율로 나타나고, 어떤 성적 지향을 가지고 있다는 사실이 곧 병을 전염시키는 건 아닙니다. 그런데도 동성애자를 혐오하는 사람들은 편향된 정보나 통계를 그럴싸하게 만들어 사람들 사이에 동성애자에 대한 공포를 만들어 냅니다.

이와 같이 어떤 통계나 정보를 가지고 혐오표현을 하는 경우가 종종 있습니다. 그런데 이런 정보를 퍼뜨리는 사람들은 허위 사실이거나, 전체 맥락을 삭제하고 소수자 집단에 대한 편견을 확산시킬 수 있는 내용만 떼서 제시합니다. 그리고 다른 정보는 가짜고 자신들이 가진 정보만 진짜 정보라고 말합니다.

인터넷의 방대한 정보들 속에는 이와 같이 정보를 사용하여 이루어지는 혐오표현들이 있기 때문에, 뉴스나 인터넷에 올라온 글을 접할 때는 조심해

학문의 탈을 쓴 혐오표현

우리는 인터넷이나 기사 등 언론 매체에서 정보를 얻지만, 책에서도 지식을 습득합니다. 사람들 사이에는 책이 다른 매체보다 전문적이고 검증된 내용을 담고 있다는 믿음이 있습니다. 하지만 혐오표현이 확산되면, 학문적이거나 전문적인 것처럼 보이는 책의 형태로도 나타납니다.

데이비드 어빙이라는 사람은 히틀러와 유대인 학살에 대한 책을 여러 권 썼습니다. 책에는 자신의 연구와 함께 유대인 학살이 과장되었다는 내용이 실렸습니다. 일본에 있는 한 호텔 체인에 가면 일본의 근대사 책이 비치되어 있는데, 이 책에는 난징 대학살과 일본군 위안부 인권 침해는 사실이 아니라는 내용이 적혀 있습니다. 공공도서관에는 소수자들이 가진 정체성을 '가짜'라고 주장하는 책들이 인권이나 과학의 이름을 달고 꽂혀 있기도 합니다.

이런 책들은 단순히 소수자들이 나쁘다고 이야기 하지 않고, 그들의 인권이 존중되어야 한다거나 그들을 차별하려는 게 아니라고 표현합니다. 하지만 자세히 살펴보면 소수자의 존재를 부정하거나, 그들을 향한 차별이 정당하다는 내용이 담담하게 적혀 있으며, 결과적으로 사회적 소수자의 권리를 없는 것으로 만듭니다. 수많은 정보와 의견들이 공존하는 오늘날, 비판적인 사고가 더욱더 중요해지는 까닭입니다.

■ 일본의 한 호텔은 객실 서랍에 위안부 문제와 난징 대학살을 부정하는 책을 비치하여 논란을 빚었다.

Cardale Jones
@CJ12_

Retweet if you agree with me
#BlackLivesMatter

7/23/15, 10:17 AM

2,061 RETWEETS **848** FAVORITES

▋ 인터넷에서 **해시태그운동**을 통하여 흑인에 대한 차별과 폭력에 반대하는 '흑인의 생명도 소
  중하다(Black lives matter)', 폭력에 노출되어 온 여성의 경험을 공유하는 '미투(Me too)' 등 차별
  에 대항하는 시민운동이 전개되었다.

서 보아야 합니다. 정보의 출처와 작성자가 명확히 제시되어 있는지, 출처가
일반적으로 신뢰할 수 있는 곳인지, 왜곡된 편집은 없는지, 논리적 비약은 없
는지 살펴보아야 합니다. 이와 함께 또 조심해야 할 것이 있습니다. 이미 편
견에 휩싸여 있는 사람은 그러한 정보가 객관적이라고 믿고 싶어하기 때문
에, 그 정보들이 소수자 집단을 향한 부정적 편견을 강화시키는 내용인지 알
기 위해서는, 자기가 가진 생각이 편견은 아닌지 고민하는 습관도 가져야 합
니다.

혐오표현에 함께 대응하기
혐오표현이 무엇이고 왜 문제가 되는지 알았다면 한 발 더 나가 봅시다.

▋ 다양한 소수자 인권에 대해 이해하고 공개적인 지지를 밝히는 것은 혐오표현에 대항하는 좋은 방법의 하나이다. 출처: 한국다양성연구소 〈지지자 가시화 운동〉

혐오표현을 발견한 경우, 그것이 어떻게 사람들에게 고통을 주고 차별을 조장하는지 알리고 대항하는 거지요. 인터넷 댓글도 좋고, 그런 글을 보고 글 내리기, 반대, 신고 등을 클릭하는 방법도 있습니다. 인터넷 해시태그(#) 운동에 참여할 수도 있습니다.

차별과 혐오표현에 노출되어 있는 사람들을 향한 지지를 표명하는 방법도 있습니다. 이 친구들이 사회에 고립되어 있다는 좌절감을 주지 않는 방법은 누군가 그 친구의 정체성, 삶, 경험을 존중하고 귀 기울이며 함께 하고 있다는 느낌을 주는 것입니다. 혐오표현에 대응하고 사회적 차별을 없애 나가는 일은 이렇게 일상에서 시작할 수 있습니다.

또, 기업의 광고나 캠페인, 연예인처럼 잘 알려진 사람들이 차별에 대항하는 목소리를 낼 때, 이러한 소수자 친화적 기업의 물건을 사는 '착한 소비'에 나서거나, 그 연예인 발언을 지지하는 방법도 생각해 볼 수 있지요.

혐오표현을 하는 사람들은 사회적 차별과 편견을 확대시킬 뿐만 아니라, 정부를 통해 자신들의 주장이 관철되기를 원합니다. 일부 정치인들은 거기에 동조하여 혐오표현을 남발하기도 합니다. 정부가 정책을 만들거나 없애기 위해서는 국회의원과 대통령이 법을 만들고 집행해야 합니다. 다시 말해, 선거에서 소수자에 대한 편견을 가지고 혐오표현이 가리키는 대로 정책을 만들려는 정치인들을 뽑지 않고, 이 문제를 분명히 알고 차별에 대응하는 정책을 만들겠다는 정치인을 뽑는다면 차별적인 제도를 없애는 나라로 발전해 나갈 수 있습니다.

자긍심을 갖고 서로 연대하기

자신의 어떠한 부분이 사회적 소수자의 위치에 있다면, 주변의 편견과 차별에 위축되지 않도록 자긍심을 갖고 자존감을 지키기 위한 노력이 필요합니다. 자신도 사회적 편견을 학습하여 자신을 비난하지는 않는지, 혹은 두려움을 회피하고자 다른 소수자들을 배제하지는 않았는지 생각해 보는 것도 좋습니다. 때로는 자신이 다수자의 위치에 있는 부분을 부각하며 다른 사회적 소수자에 대한 차별을 통해서 어려움에서 벗어나려고 하지는 않는지요. 다양한 차별이 존재하는 사회에서 사회적 소수자들끼리 서로를 배제하려는 모습은 어렵지 않게 발견됩니다. 다양성을 관용하지 않는 사회에서 다양한 소수자들이 서로 연대하고 협력하여 차별에 반대하는 목소리를 내는 것은 혐오표현이 확산시키는 수많은 차별들에 대응하는 방법이기도 합니다. 서로가 서로의 지지자로서 함께 할 때 혐오표현은 점차 설 자리를 잃게 될 것입니다.

혐오와 차별을 넘어서 모두가 존중받는 사회로

혐오표현이 담고 있는 '혐오'는 사회적 편견과 낙인의 효과를 오롯이 받아내야 하는 사회적 소수자 집단과 그 개인들을 향한 시선에 담긴 감정을 의미합니다. 즉, 혐오표현은 단순히 개인의 감정을 표출하는 표현이 아니라 이 시대의 차별 의식을 반영하는 표현들입니다. 강고한 불평등의 고리를 끊어낼 것을 요청하고 민주주의와 인권의 가치를 추구하는 사회라면, 이러한 표현들의 해악성에 대한 인식을 공유할 수 있습니다. 인종주의, 성차별주의 등 일부 사회 구성원을 배제하거나 소수자의 권리를 돌려주는 데 반대하는 사상이 표현의 형태로 나타나고, 그러한 사상이 우리 사회에서 정당성을 내세우려고 하는 것이 바로 혐오표현의 민낯입니다.

오랜 차별의 굴레가 가시화되는 것이 혐오표현의 시작점이라면, 그 굴레를 보다 단단하게 만드는 것이 혐오표현의 효과입니다. 그러나 동시에 그 굴레를 만천하에 드러내고 깨부술 수 있는 계기를 제공하는 것이 혐오표현이기도 합니다. 비록 그 과정에서 많은 사람이 다친다고 하더라도, 결국 조금 덜 다치고 조금 더 빨리 그 굴레를 부수는 것, 그것이 시민과 정부가 혐오표현에 대응하기 위해 택해야 하는 방법입니다.

간추려 보기

- 혐오표현에 대응하기 위해서 우리들은 스스로가 가지고 있는 편견이 무엇인지 생각해보고, 차별적 의식과 제도를 찾아보며 우리가 살고 있는 사회에 존재하는 차별을 알아 가야 한다.
- 인간의 다양성을 이해하고, 다양한 사회적 소수자의 삶과 경험을 접하고 이를 지지하면서 혐오표현에 함께 대응하고 연대해야 한다.
- 혐오표현에 담긴 왜곡된 정보를 가려내는 비판적인 사고를 가져야 한다.

용어 설명

공적 토론장 공론장. 개인들이 사회 문제에 대해 자유롭게 소통할 수 있는 공간. 여기에서 벌어지는 공론이란 공적인 문제에 대해 시민 누구든지 함께 토론하고 여론을 만들어 나가는 행위를 말한다. 인터넷이나 SNS는 물론 학교나 회사 등의 공간에서도 이루어질 수 있다.

국가보안법 국가의 안전을 위태롭게 하는 반국가활동을 규제함으로써, 국가의 안전과 국민의 생존 및 자유를 확보하기 위한 법률. 하지만 군사정권 시기에 정부에 대한 비판을 반국가활동으로 규정하여 탄압하는 데 사용되기도 하였고, 표현의 자유를 지나치게 억압한다는 이유로 유엔으로부터 개정을 권고받기도 하였다.

국제인권조약 인권과 관련해서 국가들이 지켜야 하는 내용을 약속한 문서. 시민적 및 정치적 권리에 관한 국제규약, 경제적·사회적·문화적 권리에 관한 규약 외에도 인종차별철폐협약, 여성차별철폐협약 등이 있다.

나치당 히틀러를 중심으로 한 1930년대 전후의 독일 국가사회주의 노동자당. 독일의 아리아인을 가장 우수한 인종으로 강조하고, 반유대주의 사상과 전체주의 성향을 가졌다.

대공황 1929년에 시작된 세계적 규모의 경제적 혼란. 1929년 10월 24일 뉴욕 월가의 주가가 대폭락하면서 시작된 대공황은 전 세계에 영향을 미쳤다. 이로 인한 실업자의 증가와 중산층의 몰락은 정치적 극단주의에 유리한 환경을 제공하였고, 독일에서 히틀러의 나치당이 정권을 잡는 결과를 낳았다.

대항언론(카운터스피치) 혐오표현에 직접 대항함으로써 혐오표현을 무력화시키는 행위.

동성애혐오증(호모포비아) 동성애자에 대해 문화적으로 학습된 편견을 포함한 공포로, 동성애자를 가정과 가족에 위협이 되는 존재이자 다른 사람들을 오염시키는 존재라고 생각하는 공포와 적대감. 양성애자에 대한 공포는 바이포비아, 트랜스젠더에 대한 공포는 트랜스포비아로 부른다.

르완다 집단학살 1994년 르완다에서 후투족 출신 대통령이 탄 비행기가 미사

일에 맞고 폭발하여 대통령이 사망하자 인구의 다수를 차지하는 후투족 강경파가 투치족과 후투족 온건파를 학살한 사건. 이 사건으로 100여 일 동안 전체 인구의 10퍼센트에 달하는 80만 명이 살해당하였다.

서프러제트 20세기 초 영국에서 일어난 여성 참정권 운동과 운동가들을 일컫는 용어. 처음에는 여성 참정권 운동가를 향한 경멸의 의미를 담고 있었지만 여성 참정권 운동이 활발해지면서 사회에서 통용되었다.

성도착자 비정상적인 자극에 의해서만 성욕이 일어나는 사람. 또는 비정상적인 성행위를 상습적으로 행하는 사람.

성차별주의 어떤 성별이라는 이유로 그 사람이 열등하다거나 또는 성적 차원에서 근본적으로 모자란다고 보거나, 성 역할에 대한 고정관념을 가지고 사람의 존엄을 심각하게 침해하는 결과를 낳는 생각.

소수자 할당제 상대적으로 기업이나 공직 등에 진출하기 어려운 사람들에게 일정한 인원을 미리 할당하는 제도. 대표적으로 여성할당제가 있다. 이는 남성중심사회에서 여성의 진입에 한계가 발생하기 때문에 이를 교정하기 위한 것으로, 특히 기업 고위직, 국회의원이나 고위직 공무원 등에 일정 비율을 할당하거나 그 비율을 만족하였을 때 인센티브를 주는 등 다양한 방식으로 운영된다.

유대인 히브리어를 사용하고 유대교를 믿는 민족. 고대에는 팔레스타인 지방에 거주하다가 로마 제국에 의해 예루살렘이 파괴된 뒤로는 세계 각지로 흩어졌다. 다른 사회에 가서도 자신들의 문화와 종교를 유지하려 했기 때문에 주류 집단에 의해 빈번하게 박해의 대상이 되었다. 제2차 세계대전 이전에 1,800만 명 정도였던 유대인의 숫자는 나치 독일의 집단학살 이후 1,000만 명 정도로 줄어들었다. 현재 1,400만 명가량이 전 세계 134개국에 흩어져 살고 있다.

유신 헌법 1972년 박정희 대통령이 선언한 비상조치에 의해 치러진 국민투표에서 통과된 헌법. 대한민국 헌법 제정 이후 7번째로 개정한 헌법이며, 박정희 대통령의 장기집권을 가능하게 하고 대통령에게 긴급조치를 발동할 수 있는 권한을 부여하여 국민들의 자유를 억압하는데 사용되었다.

외국인혐오증(제노포비아) 외국인, 이주민 등에 대하여 비합리적으로 강한 공포와 적대감을 가지는 행위. 마찬가지로 이슬람교를 종교로 가지고 있는 사람에 대한 강한 공포와 적대감은 이슬람혐오증(이슬람포비아)이라고 한다.

인종주의 타고난 인종에 따라 능력, 특징, 도덕성이 미리 정해져 있다고 보고, 우월하거나 열등한 인종이 있다고 믿는 생각.

자긍심 행진(프라이드 퍼레이드) 동성애자 등 성 소수자로서 자신을 긍정하고, 자신을 드러내며, 평등과 인권을 주장하는 행진. 1969년 6월 뉴욕에서 성 소수자에 대한 경찰의 폭력에 저항하는 것을 계기로 시작되었으며, 현재 60개국 이상의 국가에서 매년 행진이 이루어지고 있다.

해시태그운동 트위터, 인스타그램, 페이스북 등 SNS에서 게시물을 분류 · 검색하는 방식인 해시태그(#)를 통해서 온라인상의 수많은 사람과 함께 사회 이슈를 제기하는 방식의 사회운동.

KKK단 큐 클럭스 클랜(Ku Klux Klan). 미국 남부에서 남북 전쟁 후에 조직된 극우 성향의 백인 우월주의 단체. 노예 해방에 반대하며 하얀 가운과 복면을 쓰고 흑인들과 흑인들의 해방에 동조하는 백인들에게 폭력을 휘둘렀다.

연표

1918년	여성 참정권 운동가(서프러제트)들의 노력에 힘입어, 영국에서 30세 이상 여성의 선거권과 피선거권이 인정되었다.
1923년	일본에서 발생한 간토대지진으로 사회가 혼란과 공포에 휩싸이자, 조선인을 향한 모함이 확산되었다. 이로 인해 일본인에 의한 조선인 학살이 벌어졌고, 3,000명에서 6,000명 정도가 살해당하였다.
1935년	히틀러의 나치당이 집권한 독일에서는 유대인의 권리를 박탈한 뉘른베르크법이 발표되었다.
1939~45년	제2차 세계대전 동안 유럽 각지에서 유대인 학살이 벌어져 550만 명가량의 유대인이 살해당하였다.
1961~87년	5·16 군사 정변으로 시작된 군사정권은 국민들의 표현의 자유를 억압하였다. 이런 정책들은 1987년 6월 민주화 항쟁 이후 차츰 사라지기 시작했다.
1994년	르완다 내전 중에 후투족에 의해 100일 동안 80만 명의 투치족이 학살당했다.

2001년	서울 지하철 4호선 오이도역에 설치된 휠체어 리프트가 추락해 70대 여성이 사망했다. 이를 계기로 장애인들은 이동권을 요구하며 거리로 나섰다.
2009년	'재일특권을 허용하지 않는 시민모임', 재특회가 교토의 조선제일초급학교 앞에서 혐오표현과 함께 거리 시위를 벌였다.
2014년 6월	서울 신촌에서 열린 서울퀴어문화축제에서 반동성애 단체 등에 의해 자긍심 행진이 지체되었다.
2014년 9월	극우 성향 사이트 '일간 베스트'(일베) 회원들과 보수단체에서 세월호 유가족과 시민의 단식농성장 앞에서 치킨과 피자 등을 주문해 먹었다.
2015년 11월	유엔은 성 소수자에 대한 혐오표현에 우려를 표명하고 한국 정부에 대응을 촉구하였다.
2016년 5월	서울 강남역 근처 화장실에서 여성이라는 이유로 살해당하는 사건이 발생하여 여성혐오범죄의 심각성이 사회 문제로 떠올랐다.
2017년 10월	미국 배우가 트위터를 통해 성폭력 피해 사실을 알리면서 여성의 성폭력 피해 경험을 밝히고 대항하는 사회운동으로서 미투운동이 본격적으로 확대되었다. 한국에서는 2018년 1월 검사장에 의한 성폭력 피해를 밝힌 현직 검사 이후 사회 각 분야에서 미투운동이 확산되었다.

2018년 2월	국회에 혐오표현규제법안이 발의되었으나 같은 달에 철회되었다. 그 외에도 차별을 시정하기 위한 법안들이 발의되었으나, 철회되었다.
2018년 6월	내전을 피해 탈출한 예멘 난민들이 제주도에 입국하여 난민 신청을 하였으나, 청와대 국민청원 게시판에 난민 신청 허가 폐지 청원이 올라오고, 가짜뉴스와 난민 수용 반대 집회가 확산되었다. 같은 해 12월 정부는 2명만 난민으로 인정하고 412명에게는 임시적인 체류만 허가하는 인도적 체류 허가를 인정하였다.
2018년 9월	인천퀴어문화축제에서 반동성애 단체 등에 의해 자긍심 행진이 지체되고, 참가자들은 약 11시간 동안 언어·물리적 폭력에 노출되었다.
2019년 2월	5·18 광주 민주화 운동의 희생자와 유족을 비방하고 역사적 사실을 왜곡하는 정치인 등의 발언이 심각해지면서 166명의 국회의원이 이러한 표현을 처벌하는 법안을 국회에 발의하여 논의하고 있다. 그 이전에도 유사한 법안이 있었으나 국회를 통과하지는 못하였다.

더 알아보기

《말이 칼이 될 때》, 홍성수, 어크로스, 2018
혐오표현의 문제점과 유형을 알기 쉽게 설명하고, 한국 사회에서 혐오표현 현상을 진단하고 있는 대중 교양서이다. 혐오표현에 어떻게 대응할지 모색할 수 있는 책이다.

《인권 수업》, 이은진, 지식프레임, 2018
인권 교육에 대해 그동안 잘못 알고 있던 개념부터 인권 교육의 가치와 방향, 학생들과 함께할 수 있는 교실 속 인권 수업의 방법까지 교사의 관점에서 생각하고 실천하는 데 도움을 줄 수 있는 상세한 인권 교육 안내서이다.

《편견》, 프레데릭 마이어(임호일 옮김), 소명출판, 2016
저자와의 문답 형식으로 편견의 문제점, 양상, 극복 방법을 설명하고 있는 책으로, 편견과 관련된 다양한 궁금함을 풀어내고 있다.

〈학교에서 무지개길 찾기〉
인권교육을 위한 교사모임 '샘'과 청소년 성 소수자 위기지원센터 '띵동'이 청소년 성 소수자를 만나는 교사를 위해 제작한 가이드북이다. 한국다양성연구소(http://www.diversity.or.kr/bbs/board.php?bo_table=B34&wr_id=12)와 띵동(https://www.ddingdong.kr/)의 자료실 등에서 내려받을 수 있다.

⟨예멘 난민 이슈, 교실 안에서 어떻게 이야기 할 수 있을까?⟩

학생들의 난민에 대한 이해를 높이고 평화와 공존에 대해 이야기하기 위한 교육안이다. 피스모모 자료실(https://www.peacemomo.org/boardPost/101733/17)에서 내려받을 수있다.

국가인권위원회 인권교육센터

http://edu.humanrights.go.kr/academy/main/main.do

다양한 인권 교육 콘텐츠와 웹진, 초·중·고등학생을 위한 학습지도안 등을 제공하고 있다.

인권교육센터 들

http://www.hrecenter-dl.org/

인권교육을 위한 교육지침서, 교재, 도서를 발간하고, 실천적인 인권 교육을 실시하고 있으며, 소수자 인권과 청소년 인권도 중요하게 다루고 있어서 차별의 문제에 대한 이해를 넓힐 기회를 제공한다.

한국다양성연구소

http://www.diversity.or.kr/

다양성과 인권 연구, 정책제안, 권리 옹호 활동을 하는 인권 단체이자 교육 단체이다. 다양성 교육, 방관자 개입훈련 등의 활동과 더불어 인권 교육을 위한 자료들을 제공하고 있다.

참고 자료

도서

《혐오사회》 　　　　　　　　　　 카롤린 엠케(정지인 옮김), 다산지식하우스, 2018

《혐오와 수치심》 　　　　　　　　 마사 누스바움(조계원 옮김), 민음사, 2015

《인종차별의 역사》 　　　　　 크리스티앙 들라캉파뉴(하정희 옮김), 예지, 2016

《구월, 도쿄의 거리에서》 　　　 가토 나오키(서울리다리티 옮김), 갈무리, 2015

《가짜뉴스》 　　　　　　　　　　　　　　 금준경, 내인생의책, 2017

《The Content and Context of Hate Speech》

　　　　 Michael Herz and Peter Molnar(ed.), Cambridge Universrity Press, 2012

《Hate Crimes—Understanding and Defining Hate Crimes》

　　　　　　　　　　　　　　　 Babara Perry(ed.), Praeger, 2009

《Opposing hate speech》 　　　 Anthony Cortese, Praeger Publishers, 2006

《Understanding Words that Would》

　　　　　 Richard Delgado and Jean Stefancic, Westview Press, 2004

《Sexing the Body: Gender Politics and the Construction of Sexuality》

　　　　　　　　　　　　 Fausto—Sterling, Basic Books, 2000

《The Nature of Prejudice》

　　　 Gordon W. Allport, Addison—Wesley Publishing Company Inc., 1958

논문

〈Stereotype Threat and the Intellectual Test Performance of African Americans〉

Claude M. Steele and Joshua Aronson, Journal of Personality and Social Psychology Vol 69(5), 1995

〈소수자 보호를 위한 법리〉   안경환, 법과 사회 제2집, 1990

학위논문

《혐오표현(hate speech)에 대한 헌법적 고찰》   이승현, 연세대학교박사학위논문, 2016

연구보고서

《혐오표현 실태조사 및 규제방안 연구》   홍성수 외, 국가인권위원회연구용역보고서, 2016

《혐오표현 예방·대응 가이드라인 마련 실태조사》

홍성수 외, 국가인권위원회연구용역보고서, 2018

《국민 다문화수용성 조사》   김이선 외, 여성가족부연구용역보고서 2018

《OECD국가 장애출현율 산출기준과 장애개념 관계성 연구: 한국, 호주, 독일, 프랑스를 중심으로》   조윤화 외, 한국장애인개발원, 2018

《북한이탈주민에 대한 국민인식 및 차별실태조사》

윤인진 외, 국가인권위원회연구용역보고서, 2014

《성적지향·성별정체성에 따른 차별 실태조사》

장서연 외, 국가인권위원회연구용역보고서, 2014

《2017년도 서울지방변호사회 법관평가》　　　　서울지방변호사회, 2017

《'Hate Speech' Explained- A Toolkit》　　　　Article 19, 2015

《Responding to Bigotry and Intergroup Strife on Campus》

Anti-Defamation League, 2008

방송

〈KBS 인간극장-굿모닝, 미스터 욤비〉　　　　KBS, 2013.2.11

〈MBC스페셜-모리오카냉면이야기〉　　　　MBC 2008.8.22

〈PD수첩-나는 안인득이 아니다〉　　　　MBC, 2019.5.21

기사

〈"부모님이 널 낳은 걸 후회할 거야"…퀴어축제와 칼이 된 말들〉

KBS NEWS, 2018.10.25

〈혐오에 대처하는 우리의 자세 장애인 혐오 표현, 제재 필요하다〉 한계 걸유, 2016.1.4,

〈나도 고속버스 타고 싶다" 휠체어 장애인들 16년 외침〉   한국일보, 2017.9.5

〈직장인 83% "성차별 경험"…가장 듣기 싫은 말은?〉   연합뉴스, 2019.4.29.

〈올해를 달군 가짜뉴스 키워드…'북한·난민·탈원전'〉   연합뉴스, 2018.12.28.

〈국민은 찬성하는데…'혐오·차별 대책법' 줄줄이 철회, 왜?〉   KBS News, 2019.1.17

웹페이지

유엔 홈페이지

https://www.un.org/development/desa/disabilities/resources/factsheet-on-persons-with-disabilities.html

The Intersex Society of North America (ISNA)   http://www.isna.org/faq/

국가통계포털(통계청)   https://kosis.kr/

프리덤하우스   https://freedomhouse.org/

국제기자연맹   https://www.ifj.org/

찾아보기

내인생의책 은 한 권의 책을 만들 때마다
우리 아이들이 나중에 자라 이 책이 '내 인생의 책'이라고 말할 수 있는 책을 만들고자 합니다.

세상에 대하여 우리가 더 잘 알아야 할 교양
(71) **혐오표현** 차별 없는 세상 만들기

이승현 지음

초판 발행일 2019년 7월 16일 | 2쇄 발행일 2021년 10월 15일
펴낸이 조기룡 | 펴낸곳 내인생의책 | 등록번호 제10-2315호
주소 서울특별시 서초구 강남대로373 홍우빌딩 16층 114호
전화 02) 335-0449, 335-0445(편집) | 팩스 02) 6499-1165
편집 이지훈 | 디자인 위하영

ISBN 979-11-5723-483-7 (44300)
      979-11-5723-416-5 (세트)

책값은 뒤표지에 있습니다. 잘못된 책은 구입처에서 바꾸어 드립니다.

이 도서의 국립중앙도서관 출판예정도서목록(CIP)은 서지정보유통지원시스템 홈페이지(http://seoji.nl.go.kr)와
국가자료종합목록 구축시스템(http://kolis-net.nl.go.kr)에서 이용하실 수 있습니다.(CIP제어번호 : 2019024292)

내인생의책에서는 참신한 발상, 따뜻한 시선을 가진 원고를 기다리고 있습니다.
원고는 나무의 목숨값에 해당하는 가치를 지녔으면 합니다.
원고는 내인생의책 전자우편이나 홈페이지를 이용해 보내 주세요.

전자 우편 bookinmylife@naver.com | **홈페이지** http://bookinmylife.com

어린이제품 안전 특별법에 의한 제품 표시
제조자명 내인생의책 | **제조 연월** 2021년 10월 | **제조국** 대한민국 | **사용연령** 5세 이상 어린이 제품
주소 및 연락처 서울특별시 서초구 강남대로373 홍우빌딩 16층 114호 02) 335-0449 | **담당 편집자** 이지훈